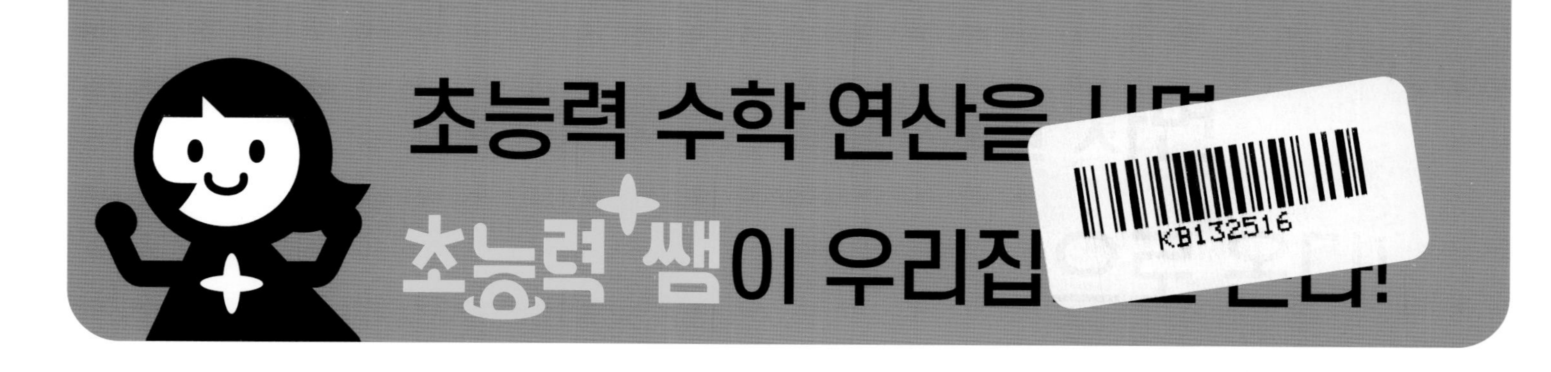

초능력 쌤과 함께하는 연산 원리 동영상 강의 무료 제공

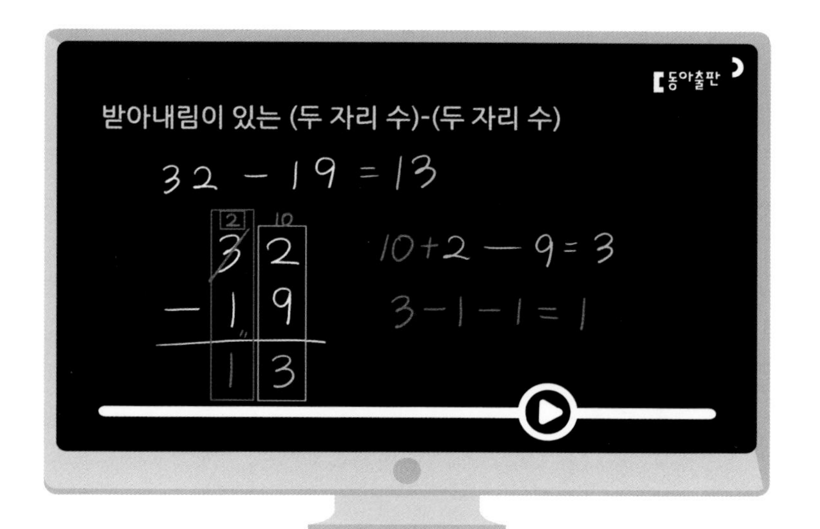

자꾸 연산에서 실수를 해요.
도와줘요~ 초능력 쌤!

연산에서 자꾸 실수를 하는 건 연산 원리를 제대로 이해하지 못했기 때문이야.

연산 원리요?
어떻게 연산 원리를 공부하면 돼요?

이제부터 내가 하나하나 알려줄게.
지금 바로 무료 스마트러닝에 접속해 봐.

초능력 쌤이랑 공부하니 제대로 연산 기초가 탄탄해지네요!

초능력 수학 연산 무료 스마트러닝 접속 방법

방법 1

동아출판 홈페이지 **www.bookdonga.com**에 접속하면 초능력 수학 연산 무료 스마트러닝을 이용할 수 있습니다.

방법 2

핸드폰이나 태블릿으로 **교재 표지나 본문에 있는 QR코드**를 찍으면 무료 스마트러닝에서 연산 원리 동영상 강의를 이용할 수 있습니다.

초능력 쌤과 키우자, 공부힘!

국어 독해 P~6단계(전 7권)

- 하루 4쪽, 6주 완성
- 국어 독해 능력과 어휘 능력을 한 번에 향상
- 문학, 사회, 과학, 예술, 인물, 스포츠 지문 독해

비주얼씽킹 한국사 1~3권(전 3권)

- 한국사 개념부터 흐름까지 비주얼씽킹으로 완성
- 참쌤의 한국사 비주얼씽킹 동영상 강의
- 사건과 인물로 탐구하는 역사 논술

맞춤법+받아쓰기 1~2학년 1, 2학기(전 4권)

- 쉽고 빠르게 배우는 맞춤법 학습
- 매일 낱말과 문장 바르게 쓰기 연습
- 학년, 학기별 국어 교과서 어휘 학습

비주얼씽킹 과학 1~3권(전 3권)

- 교과서 핵심 개념을 비주얼씽킹으로 완성
- 참쌤의 과학 개념 비주얼씽킹 동영상 강의
- 사고력을 키우는 과학 탐구 퀴즈 / 토론

수학 연산 1~6학년 1, 2학기(전 12권)

- 정확한 연산 쓰기 학습
- 학년, 학기별 중요 단원 연산 강화 학습
- 문제해결력 향상을 위한 연산 적용 학습

★연산 특화 교재

- 구구단(1~2학년), 시계·달력(1~2학년), 분수(4~5학년)

급수 한자 8급, 7급, 6급(전 3권)

- 하루 2쪽으로 쉽게 익히는 한자 학습
- 급수별 한 권으로 한자능력검정시험 완벽 대비
- 한자와 연계된 초등 교과서 어휘력 향상

초능력 수학 연산 학습 플래너

스스로 학습 계획을 세우고 달성하면서
수학 연산 실력 향상은 물론
연산을 적용하는 힘을 키울 수 있습니다.

이 책을 학습한 날짜와 학습 결과를 체크해 보세요.

DAY	공부한 날	확인
01	월 일	☺ ☹
02	월 일	☺ ☹
03	월 일	☺ ☹
04	월 일	☺ ☹
05	월 일	☺ ☹
06	월 일	☺ ☹
07	월 일	☺ ☹
08	월 일	☺ ☹
09	월 일	☺ ☹
10	월 일	☺ ☹
11	월 일	☺ ☹
12	월 일	☺ ☹
13	월 일	☺ ☹
14	월 일	☺ ☹
15	월 일	☺ ☹
16	월 일	☺ ☹
17	월 일	☺ ☹
18	월 일	☺ ☹
19	월 일	☺ ☹
20	월 일	☺ ☹
21	월 일	☺ ☹
22	월 일	☺ ☹
23	월 일	☺ ☹
24	월 일	☺ ☹
25	월 일	☺ ☹
26	월 일	☺ ☹

DAY	공부한 날	확인
27	월 일	☺ ☹
28	월 일	☺ ☹
29	월 일	☺ ☹
30	월 일	☺ ☹
31	월 일	☺ ☹
32	월 일	☺ ☹
33	월 일	☺ ☹
34	월 일	☺ ☹
35	월 일	☺ ☹
36	월 일	☺ ☹
37	월 일	☺ ☹
38	월 일	☺ ☹
39	월 일	☺ ☹
40	월 일	☺ ☹
41	월 일	☺ ☹
42	월 일	☺ ☹
43	월 일	☺ ☹
44	월 일	☺ ☹
45	월 일	☺ ☹
46	월 일	☺ ☹
47	월 일	☺ ☹
48	월 일	☺ ☹
49	월 일	☺ ☹
50	월 일	☺ ☹
51	월 일	☺ ☹
52	월 일	☺ ☹

이렇게 활용하세요.

공부한 날에 맞게 날짜를 쓰고
학습 결과에 맞추어 확인란에 체크합니다.

예)

DAY	공부한 날	확인
01	1 월 2 일	☺ ☹

초능력 수학 연산 칸 노트 활용법

중학교, 고등학교에서도 초등학교 때 배운 수학 연산을 바탕으로 새로운 지식을 배우게 됩니다.
수학 연산에서 가장 중요한 것은 정확성입니다.
계산 실수를 하지 않는 습관을 들이는 것이 가장 중요합니다.

1단계 바른 계산 원리 이해

원리 단계에서 칸 노트에 제시된 문제를 해결하면서 바른 계산 원리를 이해합니다.

2단계 바른 계산 연습

연습 단계에서 제시된 가로셈 문제를 직접 **정확성 UP!** 칸 노트에 세로셈으로 옮겨 쓰고, 자릿값에 맞추어 계산하면서 바른 계산을 연습합니다.

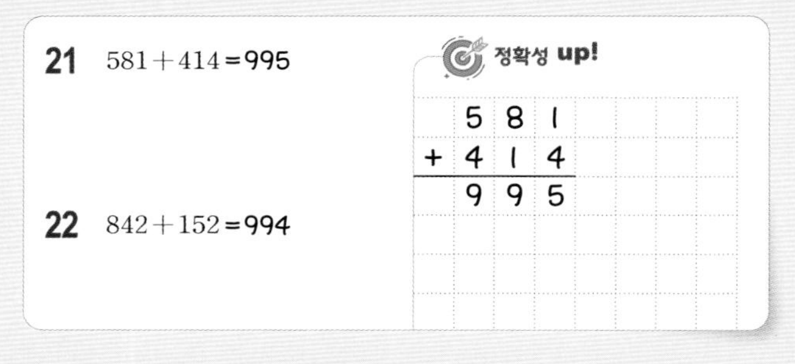

3단계 적용 문제 해결

적용 단계에서 제시된 적용 문제를 가로셈으로 나타낸 다음 다시 **정확성 UP!** 칸 노트에 세로셈으로 옮겨 쓰고, 자릿값에 맞추어 계산하면서 문제해결력을 강화합니다.

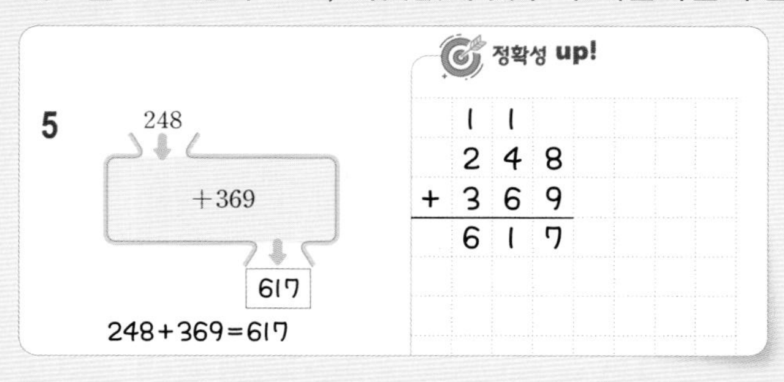

바른 계산, **빠른** 연산!

초능력

수학 연산

초등 수학

4·1

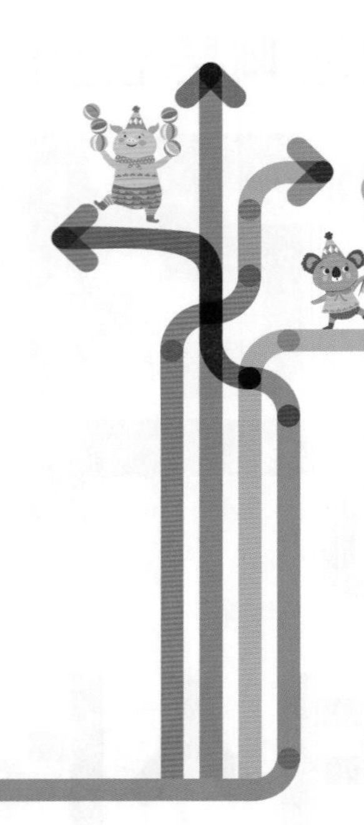

4학년 1학기
연계 학년 단원 구성

교과서 모든 영역별 계산 문제를 단원별로 묶어 한 학기를 끝내도록 구성되어 있어요.

이럴 땐 이렇게 교재를 선택하세요.

1. 해당 학기 교재 단원 중 어려워하는 단원은 이전 학기 교재를 선택하여 부족한 부분을 보충하세요.
2. 해당 학기 교재 단원을 완벽히 이해했으면 다음 학기 교재를 선택하여 실력을 키워요.

3학년 2학기

단원	학습 내용
1. 곱셈	(세 자리 수)×(한 자리 수), (몇십)×(몇십), (몇십몇)×(몇십), (몇)×(몇십몇), (몇십몇)×(몇십몇)
2. 나눗셈	(몇십)÷(몇), (몇십몇)÷(몇), (세 자리 수)÷(한 자리 수)
3. 들이와 무게	들이의 덧셈과 뺄셈, 무게의 덧셈과 뺄셈

4학년 1학기

단원	1. 큰 수
학습 내용	❶ 다섯 자리 수
	❷ 천만 단위까지의 수
	❸ 천억 단위까지의 수
	❹ 천조 단위까지의 수
	❺ 뛰어 세기
	❻ 수의 크기 비교

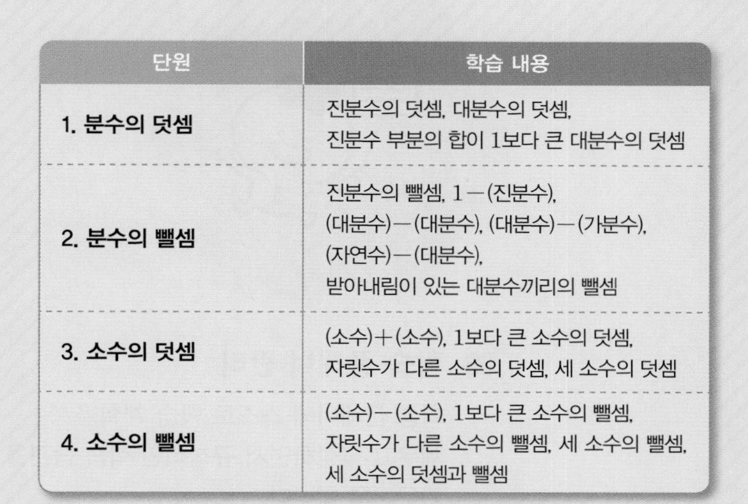

단원	학습 내용
1. 분수의 덧셈	진분수의 덧셈, 대분수의 덧셈, 진분수 부분의 합이 1보다 큰 대분수의 덧셈
2. 분수의 뺄셈	진분수의 뺄셈, 1−(진분수), (대분수)−(대분수), (대분수)−(가분수), (자연수)−(대분수), 받아내림이 있는 대분수끼리의 뺄셈
3. 소수의 덧셈	(소수)+(소수), 1보다 큰 소수의 덧셈, 자릿수가 다른 소수의 덧셈, 세 소수의 덧셈
4. 소수의 뺄셈	(소수)−(소수), 1보다 큰 소수의 뺄셈, 자릿수가 다른 소수의 뺄셈, 세 소수의 뺄셈, 세 소수의 덧셈과 뺄셈

2. 각도	3. 곱셈	4. 나눗셈
❶ 각도의 합	❶ (몇백)×(몇십)	❶ (몇백몇십)÷(몇십)
		❷ (세 자리 수)÷(몇십)
	❷ (몇백몇십)×(몇십)	❸ 몫이 한 자리 수인 (두 자리 수)÷(두 자리 수)
❷ 각도의 차	❸ (세 자리 수)×(몇십)	❹ 몫이 한 자리 수인 (세 자리 수)÷(두 자리 수)
		❺ 몫이 두 자리 수인 (세 자리 수)÷(두 자리 수) ①
	❹ (세 자리 수)×(두 자리 수)	❻ 몫이 두 자리 수인 (세 자리 수)÷(두 자리 수) ②

이런 점이 좋아요!

학습 플래너 관리

학습 플래너에 스스로 학습 계획을
세우고 달성하면서 규칙적인 학습 습관을
키우도록 합니다.

특화 단원 집중 강화 학습

학년, 학기별 중요한 연산 단원을 집중 강화
학습할 수 있도록 구성하여 연산력을
완성합니다.

정확성을 길러주는 연산 쓰기 연습

기계적으로 단순 반복하는 연산 학습이 아닌
칸 노트를 활용하여 스스로 정확하게 쓰는
연습에 집중하도록 합니다.

연산 능력을 문제에 적용하는 학습

연산을 실전 문제에 적용하여 풀어볼 수 있어
연산력 뿐만 아니라 수학 실력도 향상시킵니다.

이렇게 구성되어 있어요!

원리

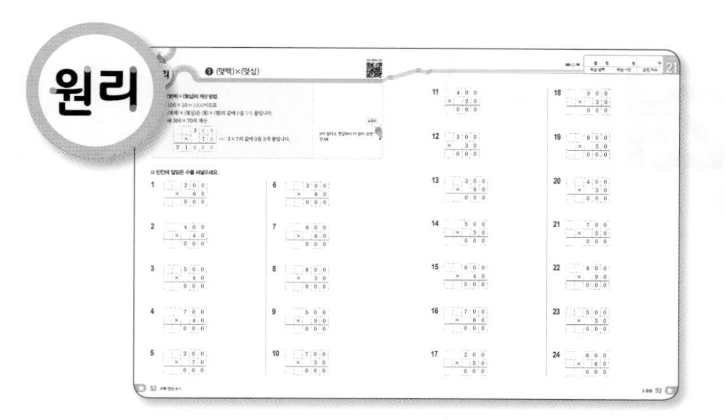

학습 내용별 연산 원리를 문제로 설명하여 계산 원리를 스스로 익힙니다.

연산 원리 동영상 강의

QR코드를 스마트폰으로 찍으면 연산 원리 동영상 강의를 무료로 학습할 수 있습니다.

연습

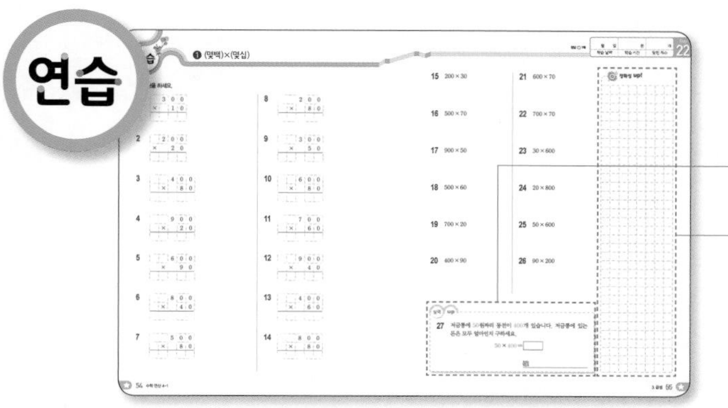

학습 내용별 원리를 토대로 문제를 해결하면서 연습을 충분히 합니다.

연산이 적용되는 실전 문제를 해결하면서 수학 실력을 키웁니다.

정확성 up! 칸 노트를 활용하여 자릿값에 맞추어 문제를 쓰고 해결하면서 정확성을 높입니다.

	2	5	1
+	7	3	1
	9	8	2

적용

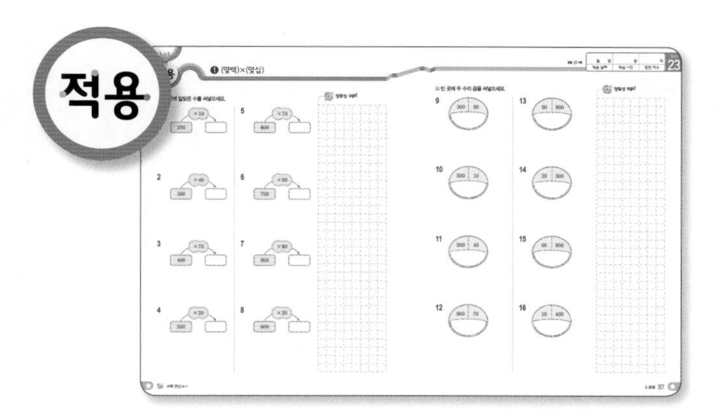

학습 내용별 충분히 연습한 연산 원리를 유연하게 조작하여 스스로 문제를 해결하는 능력을 키웁니다.

평가

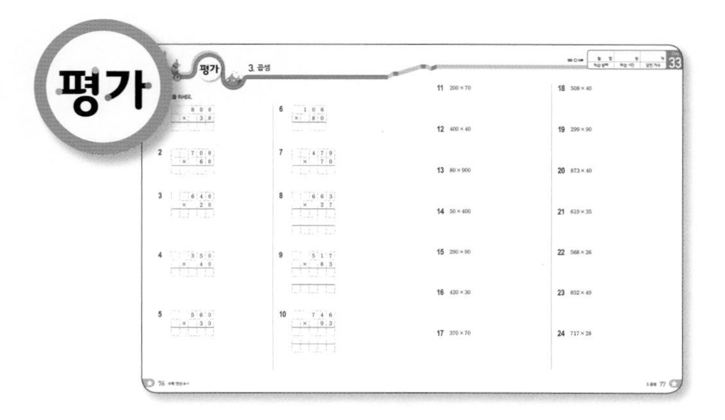

학습 내용별 연습과 적용에서 학습한 내용을 토대로 한 단원의 내용을 종합적으로 확인합니다.

차례

1 큰 수 7

2 각도 37

3 곱셈 ★ 강화단원 51

4 나눗셈 ★ 강화단원 79

1 큰 수

학습 계획표

학습 내용	원리	연습
❶ 다섯 자리 수	Day **01**	Day **02**
❷ 천만 단위까지의 수	Day **03**	Day **04**
❸ 천억 단위까지의 수	Day **05**	Day **06**
❹ 천조 단위까지의 수	Day **07**	Day **08**
❺ 뛰어 세기	Day **09**	Day **10**
❻ 수의 크기 비교	Day **11**	Day **12**
적용	Day **13**	
평가	Day **14**	

학습 관리 **tip** 맨 앞장의 학습 플래너를 이용하여 학습 스케줄을 관리하도록 하세요!

원리 ❶ 다섯 자리 수

◎ 몇만 알아보기

10000이 4개인 수는 40000 또는 4만이라 쓰고, 사만이라고 읽습니다.

◎ 다섯 자리 수 알아보기

10000이 3개, 1000이 2개, 100이 5개, 10이 7개, 1이 4개인 수를 32574라 쓰고, 삼만 이천오백칠십사라고 읽습니다.

	만의 자리	천의 자리	백의 자리	십의 자리	일의 자리
숫자	3	2	5	7	4
수	30000	2000	500	70	4

뿜뿜이

10000이 ■개인 수는 ■0000 또는 ■만으로 쓰면 돼.

□ 안에 알맞은 수를 써넣으세요.

1 23152 ➡

10000이 2개	1000이 3개	100이 1개	10이 5개	1이 2개
20000	□	100	□	2

23152=20000+□+100+□+2

2 42965 ➡

10000이 4개	1000이 2개	100이 9개	10이 6개	1이 5개
□	2000	□	60	□

42965=□+2000+□+60+□

3 63374 ➡

10000이 6개	1000이 3개	100이 3개	10이 7개	1이 4개
60000	□	□	70	□

63374=60000+□+□+70+□

4 38415 ➡

10000이 3개	1000이 8개	100이 4개	10이 1개	1이 5개
□	8000	□	□	5

38415=□+8000+□+□+5

5 10000이 1개, 1000이 6개, 100이 4개, 10이 8개, 1이 9개인 수

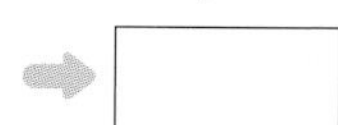

6 10000이 8개, 1000이 0개, 100이 3개, 10이 7개, 1이 4개인 수

7 10000이 7개, 1000이 2개, 100이 7개, 10이 5개, 1이 7개인 수

8 10000이 5개, 1000이 9개, 100이 6개, 10이 0개, 1이 4개인 수

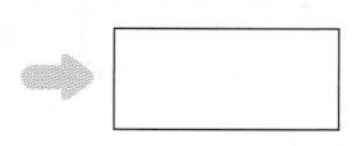

9 10000이 3개, 1000이 4개, 100이 9개, 10이 1개, 1이 3개인 수

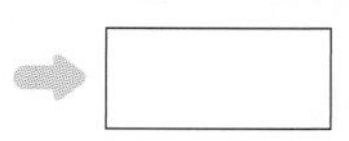

10 10000이 2개, 1000이 5개, 100이 7개, 10이 6개, 1이 8개인 수

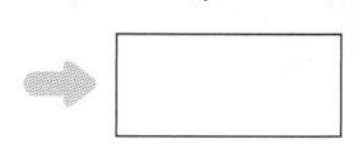

11 10000이 4개, 1000이 6개, 100이 3개, 10이 9개, 1이 6개인 수

➡ □

12 38290

➡ 10000이 3개, 1000이 □개, 100이 2개, 10이 9개, 1이 0개인 수

13 62894

➡ 10000이 □개, 1000이 2개, 100이 8개, 10이 9개, 1이 4개인 수

14 59273

➡ 10000이 5개, 1000이 9개, 100이 2개, 10이 □개, 1이 3개인 수

15 78241

➡ 10000이 7개, 1000이 8개, 100이 2개, 10이 4개, 1이 □개인 수

16 43595

➡ 10000이 4개, 1000이 3개, 100이 □개, 10이 9개, 1이 5개인 수

17 81268

➡ 10000이 8개, 1000이 □개, 100이 2개, 10이 6개, 1이 8개인 수

18 92743

➡ 10000이 □개, 1000이 2개, 100이 7개, 10이 4개, 1이 3개인 수

❶ 다섯 자리 수

□ 안에 알맞은 수나 말을 써넣으세요.

1 34291 □

2 17604 □

3 45118 □

4 86377 □

5 70648 □

6 25009 □

7 91704 □

8 □ 사만 이천사백육십삼

9 □ 구만 오천백구십칠

10 □ 육만 팔천육백육십이

11 □ 이만 오백십구

12 □ 팔만 천사

13 □ 구만 구천백육

14 □ 오만 팔십

밑줄 친 숫자가 나타내는 값을 □ 안에 써넣으세요.

15

16

17

18

19

20

21

22

23

24

25

26

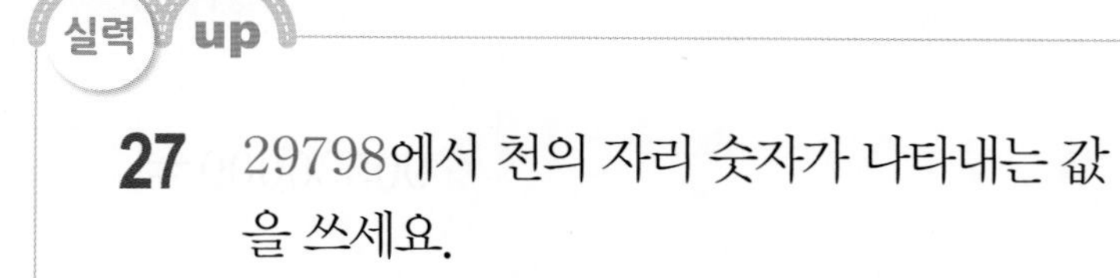

27 29798에서 천의 자리 숫자가 나타내는 값을 쓰세요.

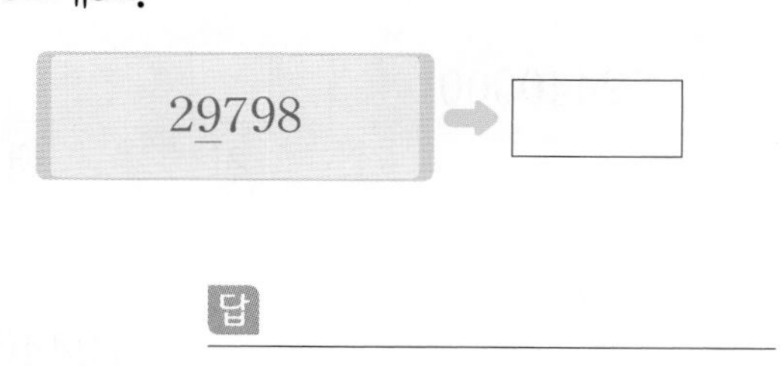

답 ____________

원리 ❷ 천만 단위까지의 수

● 십만, 백만, 천만 알아보기

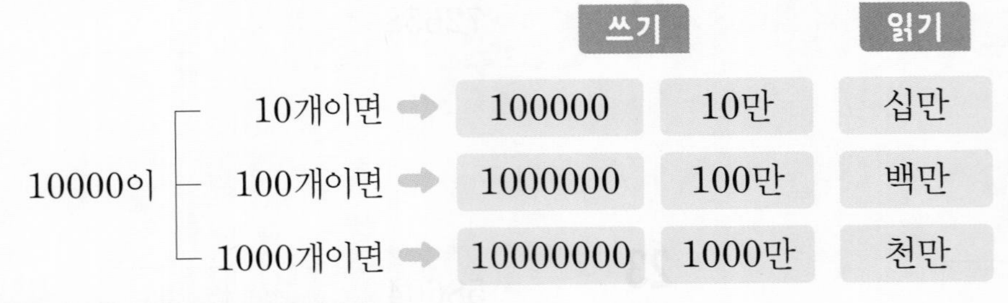

		쓰기		읽기
10000이	10개이면 ➡	100000	10만	십만
	100개이면 ➡	1000000	100만	백만
	1000개이면 ➡	10000000	1000만	천만

● 천만 단위까지의 수 알아보기

10000이 2184개이면 21840000 또는 2184만이라 쓰고, 이천백팔십사만이라고 읽습니다.

조심이

10만은 십만, 100만은 백만, 1000만은 천만이라고 읽어!

∷ □ 안에 알맞은 수를 써넣으세요.

1 42570000

4	2	5	□	0	0	0	0
천	백	십	일	천	백	십	일
			만				일

42570000＝□＋2000000＋□＋70000

2 63180000

□	3	□	8	0	0	0	0
천	백	십	일	천	백	십	일
			만				일

63180000＝60000000＋□＋100000＋□

3 90530000

9	0	□	□	0	0	0	0
천	백	십	일	천	백	십	일
			만				일

90530000＝□＋□＋500000＋30000

4 72440000

□	□	4	4	0	0	0	0
천	백	십	일	천	백	십	일
			만				일

72440000＝70000000＋2000000＋□＋□

5 100만이 6개, 10만이 2개, 만이 4개인 수

➡ □

6 100만이 2개, 10만이 4개, 만이 8개인 수

➡ □

7 10만이 14개, 만이 6개인 수

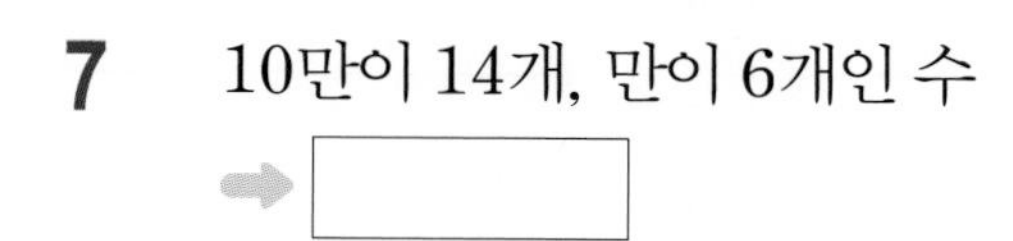

➡ □

8 1000만이 5개, 100만이 3개, 10만이 3개, 만이 9개인 수

➡ □

9 100만이 13개, 10만이 2개, 만이 4개인 수

➡ □

10 10만이 5개, 만이 8개인 수

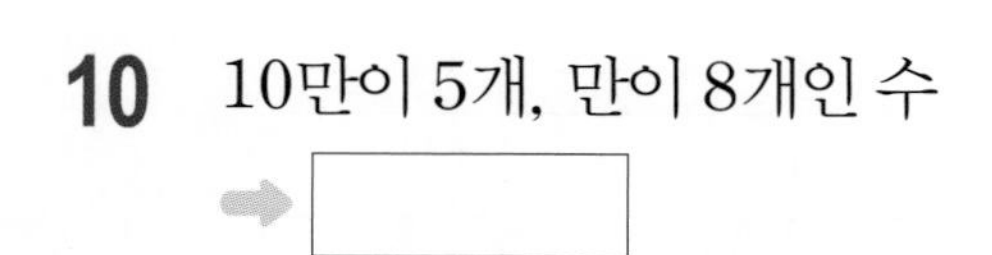

➡ □

11 1000만이 8개, 100만이 1개, 10만이 2개, 만이 5개인 수

➡ □

12 280000

➡ 10만이 □개, 만이 8개인 수

13 1320000

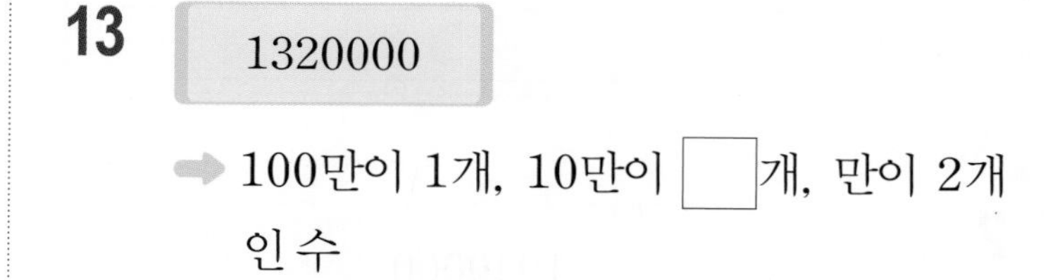

➡ 100만이 1개, 10만이 □개, 만이 2개인 수

14 28760000

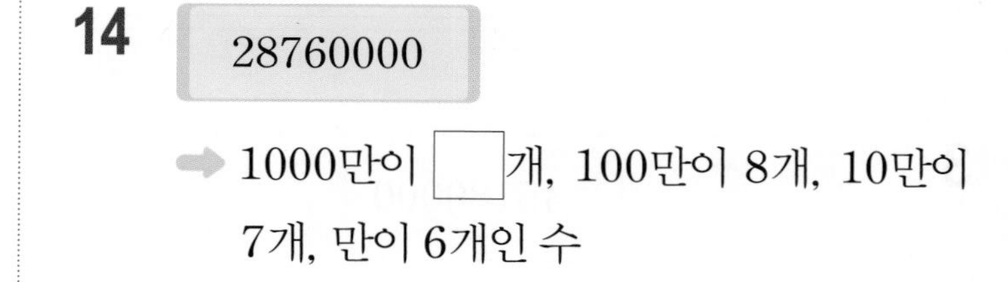

➡ 1000만이 □개, 100만이 8개, 10만이 7개, 만이 6개인 수

15 42450000

➡ 1000만이 4개, 100만이 □개, 10만이 4개, 만이 5개인 수

16 760000

➡ 10만이 □개, 만이 6개인 수

17 8210000

➡ 100만이 8개, 10만이 □개, 만이 1개인 수

18 32120000

➡ 1000만이 □개, 100만이 2개, 10만이 1개, 만이 2개인 수

❷ 천만 단위까지의 수

□ 안에 알맞은 수나 말을 써넣으세요.

1 490000 → □

2 1940000 → □

3 45180000 → □

4 63770000 → □

5 76800000 → □

6 32910000 → □

7 17460000 → □

8 □ → 구백십팔만

9 □ → 오백팔만

10 □ → 육천팔백육십이만

11 □ → 이천오십일만

12 □ → 팔천백사만

13 □ → 이천사백육십삼만

14 □ → 구천백구십칠만

정답 ➔ 1쪽

월 일	분	개
학습 날짜	학습 시간	맞힌 개수

밑줄 친 숫자가 나타내는 값을 □ 안에 써넣으세요.

15 3150000 ➔ □

16 7460000 ➔ □

17 930000 ➔ □

18 64210000 ➔ □

19 15700000 ➔ □

20 730000 ➔ □

21 50240000 ➔ □

22 29010000 ➔ □

23 10840000 ➔ □

24 64000000 ➔ □

25 12880000 ➔ □

26 20060000 ➔ □

실력 up

27 29780000에서 십만의 자리 숫자가 나타내는 값을 쓰세요.

29780000 ➔ □

답 ________

❸ 천억 단위까지의 수

● 억 알아보기

1000만이 10개인 수를 100000000 또는 1억이라 쓰고, 억 또는 일억이라고 읽습니다.

● 천억 단위까지의 수 알아보기

1억이 3264개이면 326400000000 또는 3264억이라 쓰고, 삼천이백육십사억이라고 읽습니다.

3	2	6	4	0	0	0	0	0	0	0	0
천	백	십	일	천	백	십	일	천	백	십	일
			억				만				일

뿡뿡이: 1억에서 100000000은 0이 8개야.

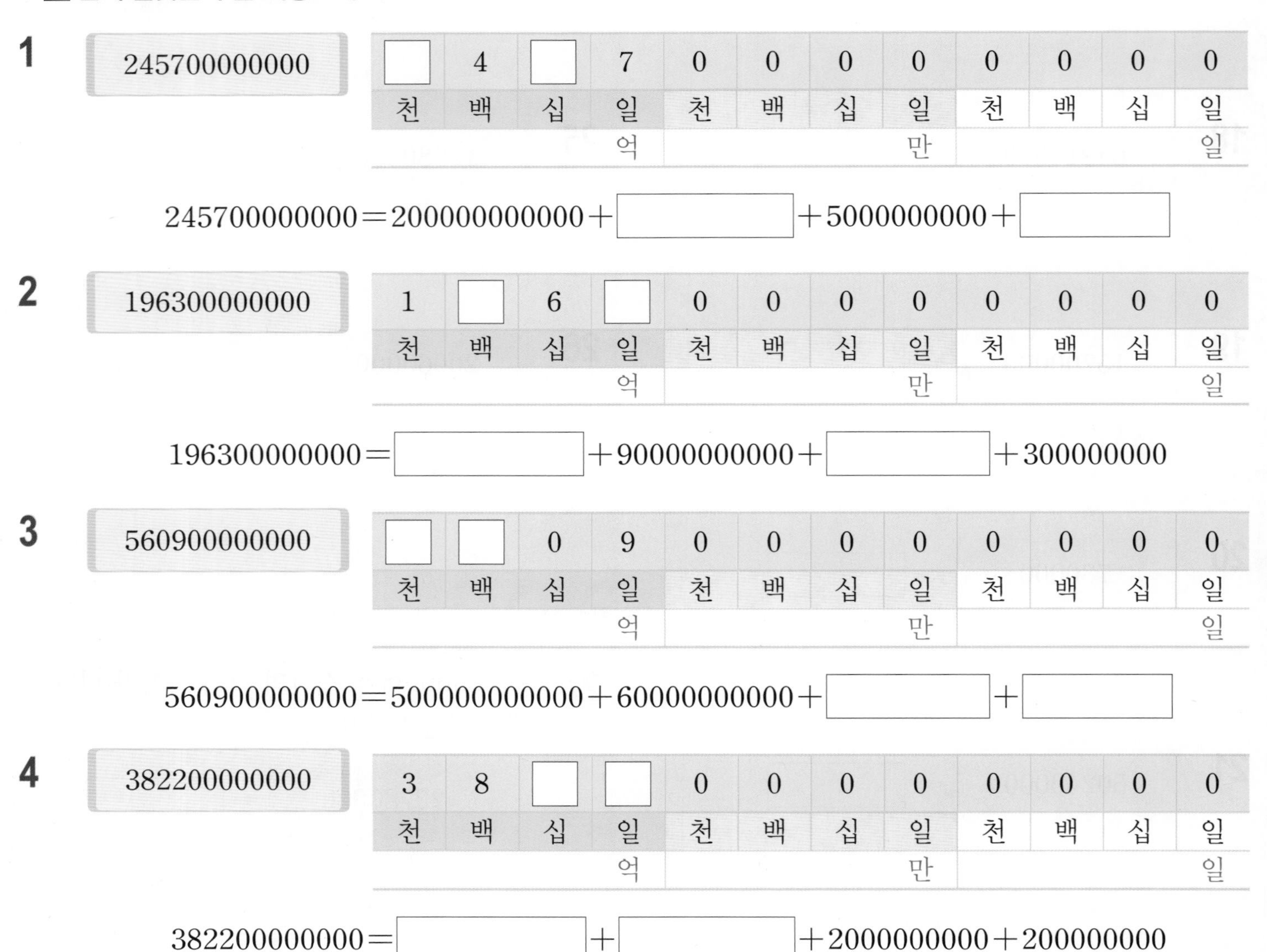

:: □ 안에 알맞은 수를 써넣으세요.

1 245700000000

□	4	□	7	0	0	0	0	0	0	0	0
천	백	십	일	천	백	십	일	천	백	십	일
			억				만				일

245700000000＝200000000000＋□＋5000000000＋□

2 196300000000

1	□	6	□	0	0	0	0	0	0	0	0
천	백	십	일	천	백	십	일	천	백	십	일
			억				만				일

196300000000＝□＋90000000000＋□＋300000000

3 560900000000

□	□	0	9	0	0	0	0	0	0	0	0
천	백	십	일	천	백	십	일	천	백	십	일
			억				만				일

560900000000＝500000000000＋60000000000＋□＋□

4 382200000000

3	8	□	□	0	0	0	0	0	0	0	0
천	백	십	일	천	백	십	일	천	백	십	일
			억				만				일

382200000000＝□＋□＋2000000000＋200000000

5 1000억이 6개, 100억이 1개, 10억이 3개, 1억이 5개인 수

➡ 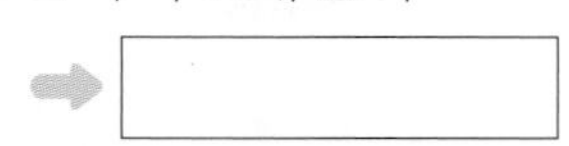

6 10억이 16개, 1억이 2개인 수

➡ 

7 1000억이 7개, 100억이 7개, 10억이 4개, 1억이 6개인 수

➡ 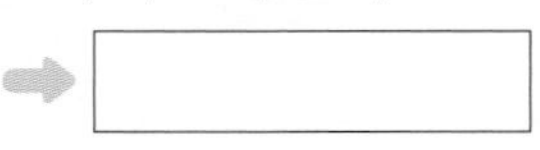

8 1000억이 2개, 10억이 15개, 1억이 3개인 수

➡ 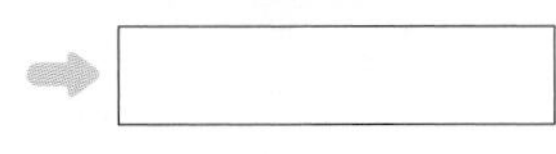

9 1000억이 9개, 100억이 0개, 10억이 4개, 1억이 2개인 수

➡ 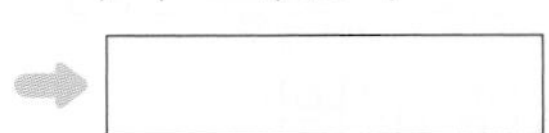

10 100억이 13개, 10억이 2개, 1억이 4개인 수

➡ 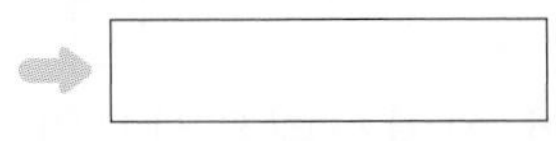

11 1000억이 4개, 100억이 8개, 10억이 3개, 1억이 0개인 수

➡ □

12 143200000000

➡ 1000억이 □개, 100억이 4개, 10억이 3개, 1억이 2개인 수

13 25700000000

➡ 100억이 2개, 10억이 □개, 1억이 7개인 수

14 59600000000

➡ 100억이 □개, 10억이 9개, 1억이 6개인 수

15 657200000000

➡ 1000억이 6개, 100억이 5개, 10억이 □개, 1억이 2개인 수

16 91700000000

➡ 100억이 9개, 10억이 □개, 1억이 7개인 수

17 55700000000

➡ 100억이 □개, 10억이 5개, 1억이 7개인 수

18 238600000000

➡ 1000억이 □개, 100억이 3개, 10억이 8개, 1억이 6개인 수

❸ 천억 단위까지의 수

□ 안에 알맞은 수나 말을 써넣으세요.

1 47200000000 → □

2 9700000000 → □

3 418500000000 → □

4 673300000000 → □

5 708500000000 → □

6 358432010000 → □

7 800117640000 → □

8 □ → 구백팔십이억

9 □ → 오백삼억

10 □ → 육천이백육십팔억

11 □ → 이천백오억

12 □ → 팔천팔십사억

13 □ → 칠백구십일억 이천삼백육십사만

14 □ → 삼천팔억 구천구백칠십일만

월 일	분	개
학습 날짜	학습 시간	맞힌 개수

밑줄 친 숫자가 나타내는 값을 □ 안에 써넣으세요.

15 35200000000 ➔ □

16 6400000000 ➔ □

17 935400000000 ➔ □

18 612700000000 ➔ □

19 150700000000 ➔ □

20 407700000000 ➔ □

21 9200000000 ➔ □

22 9016700000 ➔ □

23 3847710000 ➔ □

24 630921000000 ➔ □

25 127864560000 ➔ □

26 91055000000 ➔ □

실력 up

27 729833410000에서 백억의 자리 숫자가 나타내는 값을 쓰세요.

729833410000 ➔ □

답

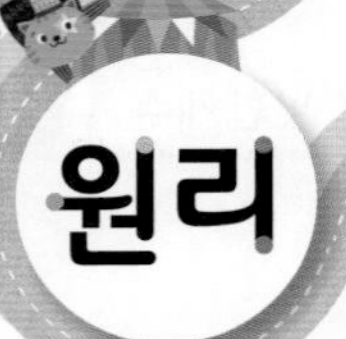

❹ 천조 단위까지의 수

● 조 알아보기

1000억이 10개인 수를 1000000000000 또는 1조라 쓰고, 조 또는 일조라고 읽습니다.

● 천조 단위까지의 수 알아보기

1조가 2836개이면 2836000000000000 또는 2836조라 쓰고, 이천팔백삼십육조라고 읽습니다.

2	8	3	6	0	0	0	0	0	0	0	0	0	0	0	0
천	백	십	일	천	백	십	일	천	백	십	일	천	백	십	일
			조				억				만				일

뿡뿡이

1조에서 1000000000000는 0이 12개야.

□ 안에 알맞은 수를 써넣으세요.

1

5219000000000000															
5	2	□	□	0	0	0	0	0	0	0	0	0	0	0	0
천	백	십	일	천	백	십	일	천	백	십	일	천	백	십	일
			조				억				만				일

5219000000000000

=□+□+10000000000000+9000000000000

2

4307000000000000															
□	3	0	□	0	0	0	0	0	0	0	0	0	0	0	0
천	백	십	일	천	백	십	일	천	백	십	일	천	백	십	일
			조				억				만				일

4307000000000000

=4000000000000000+□+□+7000000000000

3

8379000000000000															
□	□	7	9	0	0	0	0	0	0	0	0	0	0	0	0
천	백	십	일	천	백	십	일	천	백	십	일	천	백	십	일
			조				억				만				일

8379000000000000

=8000000000000000+300000000000000+□+□

4 조가 7492개, 억이 2172개인 수

➔ ☐

5 조가 653개, 억이 208개인 수

➔ ☐

6 조가 29개, 억이 1907개인 수

➔ ☐

7 조가 188개, 억이 5783개인 수

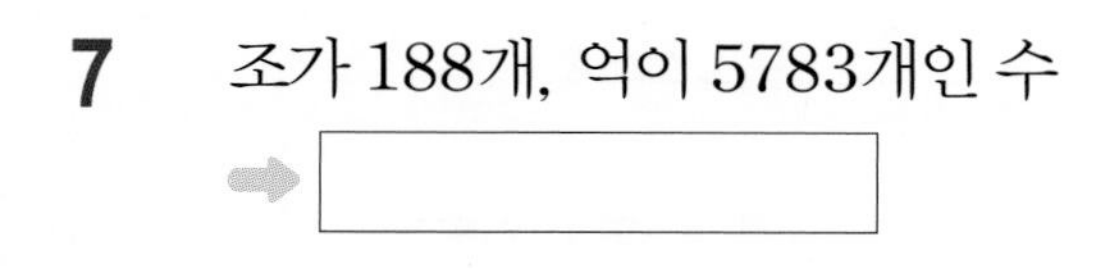

➔ ☐

8 조가 2870개, 억이 372개인 수

➔ ☐

9 조가 3325개, 억이 74개인 수

➔ ☐

10 조가 529개, 억이 5982개인 수

➔ ☐

11 187298700000000

➔ 조가 ☐개, 억이 2987개인 수

12 4398102800000000

➔ 조가 ☐개, 억이 1028개인 수

13 37883500000000

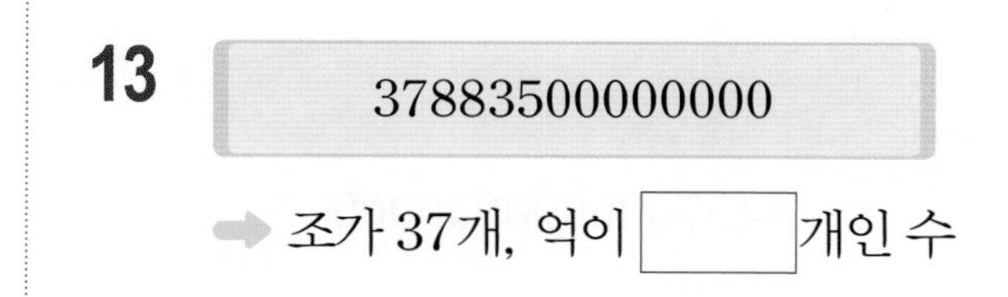

➔ 조가 37개, 억이 ☐개인 수

14 235015200000000

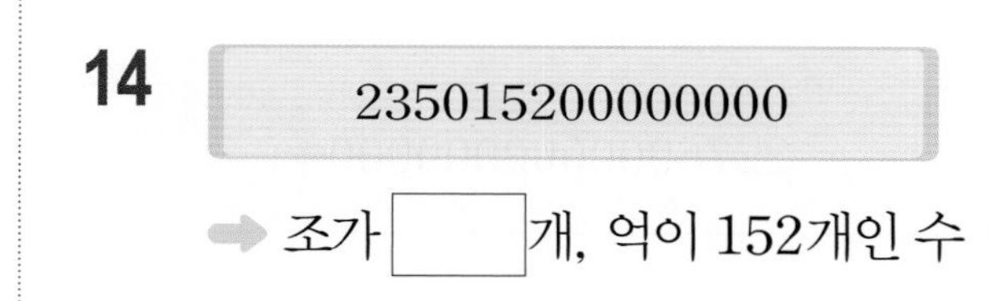

➔ 조가 ☐개, 억이 152개인 수

15 768002500000000

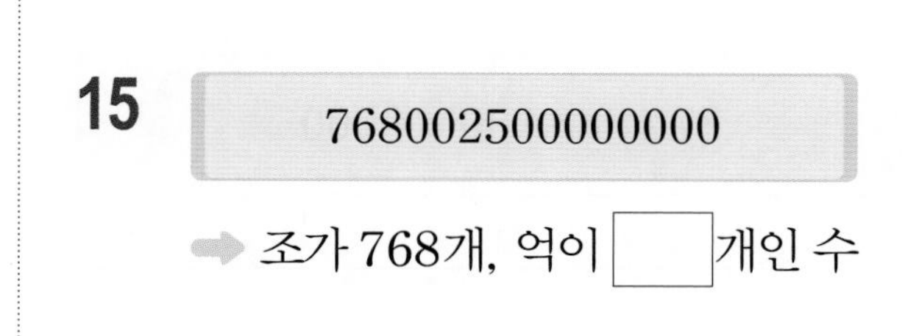

➔ 조가 768개, 억이 ☐개인 수

16 5589026900000000

➔ 조가 ☐개, 억이 269개인 수

17 4267246000000000

➔ 조가 4267개, 억이 ☐개인 수

❹ 천조 단위까지의 수

□ 안에 알맞은 수나 말을 써넣으세요.

1 59000000000000 □

2 704000000000000 □

3 1457000000000000 □

4 2276000000000000 □

5 8704000000000000 □

6 548234900000000 □

7 9201706400000000 □

8 □ 팔백십구조

9 □ 칠백칠십일조

10 □ 육천팔백이십육조

11 □ 천오백팔조

12 □ 팔천팔백사십조

13 □ 칠천구십일조 이천사백육십사억

14 □ 삼천팔백칠조 구천구백십사억

밑줄 친 숫자가 나타내는 값을 □ 안에 써넣으세요.

15 315000000000000

➡ □

16 249000000000000

➡ □

17 2769000000000000

➡ □

18 8105000000000000

➡ □

19 937000000000000

➡ □

20 4084000000000000

➡ □

21 394834100000000

➡ □

22 81997000000000

➡ □

23 37204900000000

➡ □

24 2201824000000000

➡ □

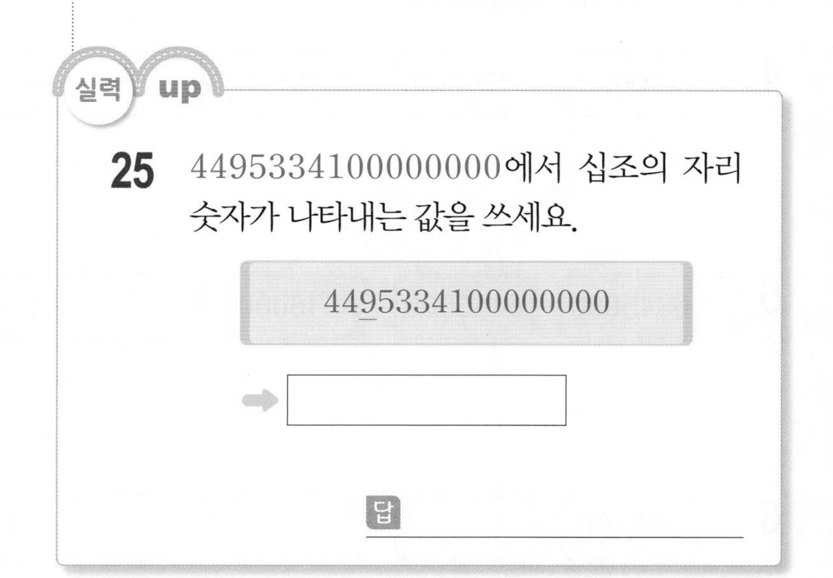

실력 up

25 4495334100000000에서 십조의 자리 숫자가 나타내는 값을 쓰세요.

4495334100000000

➡ □

답 ________

⑤ 뛰어 세기

◉ 뛰어 세기

일정한 수만큼 늘어나는 관계를 뛰어 세기라고 합니다. 각 자리의 수가 어떻게 변하고 있는지 살펴보면 뛰어 센 규칙을 찾을 수 있습니다.

23000 – 33000 – 43000 – 53000 – 63000

➡ 만의 자리 수가 1씩 커지고 있으므로 10000씩 뛰어 세었습니다.

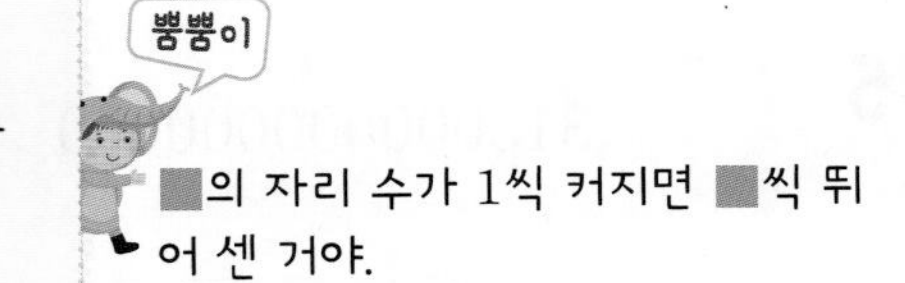

뽐뽐이
■의 자리 수가 1씩 커지면 ■씩 뛰어 센 거야.

10000씩 뛰어 세어 보세요.

1 36200 – 46200 – 56200 – □ – □ – □ – □

2 514000 – 524000 – 534000 – □ – □ – □ – □

3 29180 – □ – □ – □ – □ – □ – □

100000씩 뛰어 세어 보세요.

4 170000 – 270000 – 370000 – □ – □ – □ – □

5 6345000 – 6445000 – 6545000 – □ – □ – □ – □

6 205400 – □ – □ – □ – □ – □ – □

100억씩 뛰어 세어 보세요.

7

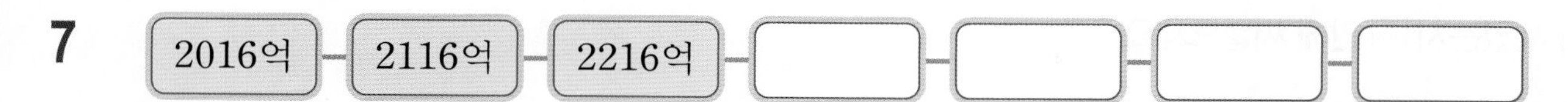

8

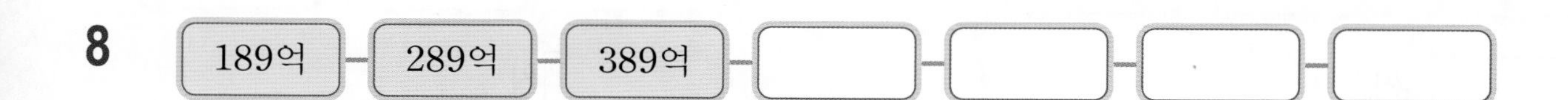

9 1570억 – ☐ – ☐ – ☐ – ☐ – ☐ – ☐

10 3127억 – ☐ – 3327억 – 3427억 – ☐ – ☐ – ☐

10조씩 뛰어 세어 보세요.

11 7030조 – 7040조 – 7050조 – ☐ – ☐ – ☐ – ☐

12 42조 – 52조 – ☐ – ☐ – ☐ – ☐ – ☐

13 333조 – ☐ – ☐ – ☐ – ☐ – ☐ – ☐

14 105조 – ☐ – 125조 – 135조 – ☐ – ☐ – ☐

❺ 뛰어 세기

얼마씩 뛰어 세었는지 □ 안에 써넣으세요.

1

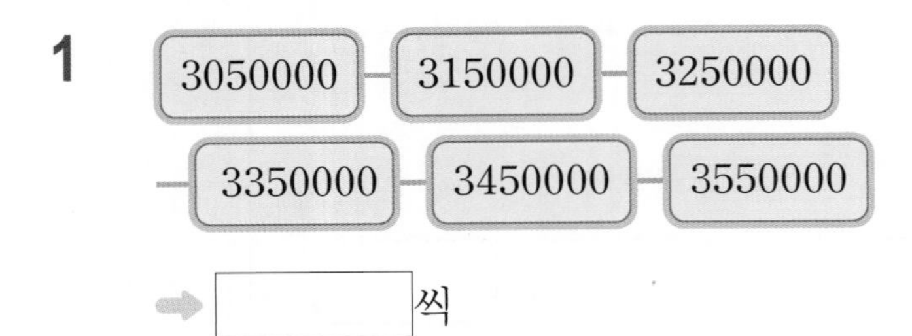

➡ □씩

2

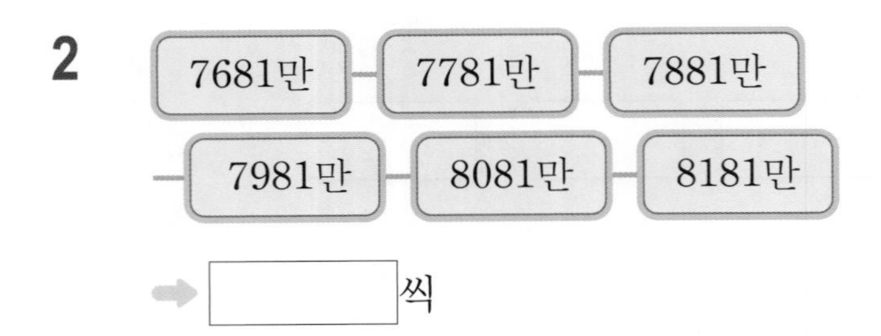

➡ □씩

3

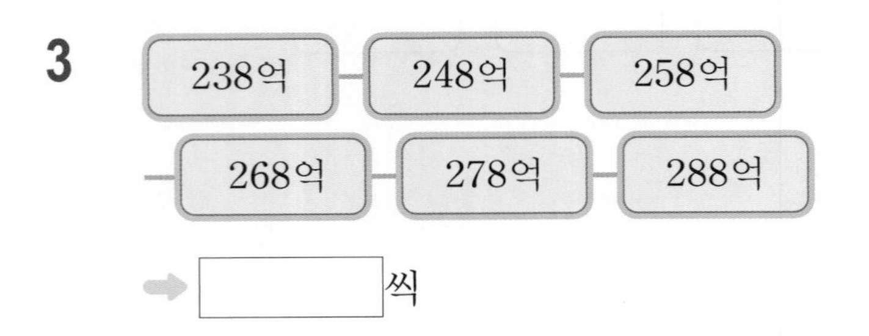

➡ □씩

4

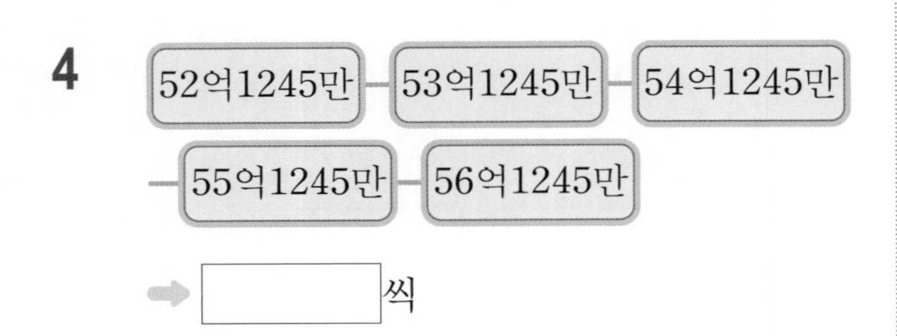

➡ □씩

5

1701조 – 2701조 – 3701조 – 4701조 – 5701조 – 6701조

➡ □씩

6

3160조 – 3360조 – 3560조 – 3760조 – 3960조 – 4160조

➡ □씩

7

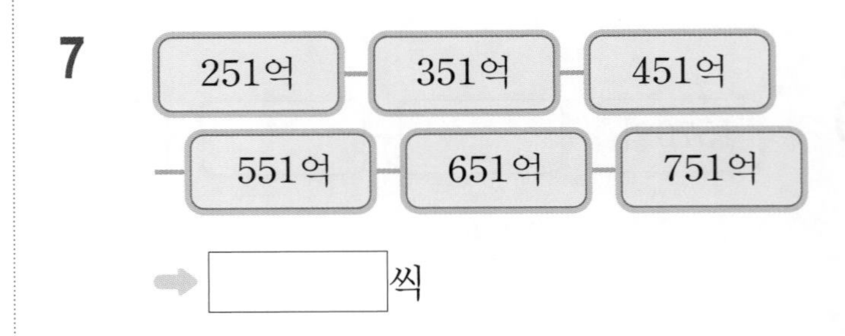

➡ □씩

8

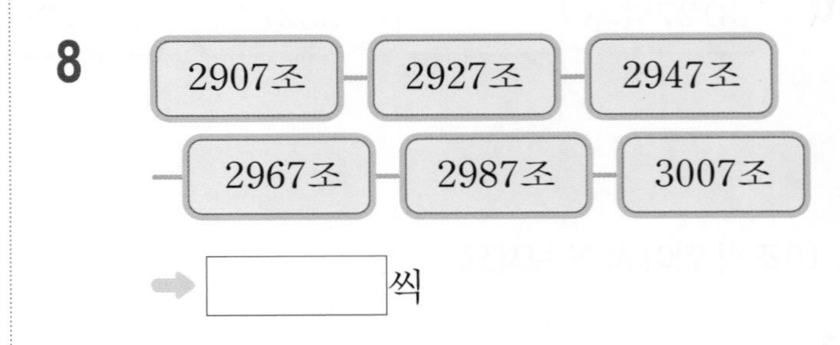

➡ □씩

9

1조 20억 – 1조 320억 – 1조 620억 – 1조 920억 – 1조 1220억 – 1조 1520억

➡ □씩

10

260조 – 265조 – 270조 – 275조 – 280조 – 285조

➡ □씩

뛰어 세는 규칙을 찾아 빈 곳에 알맞게 써넣으세요.

11

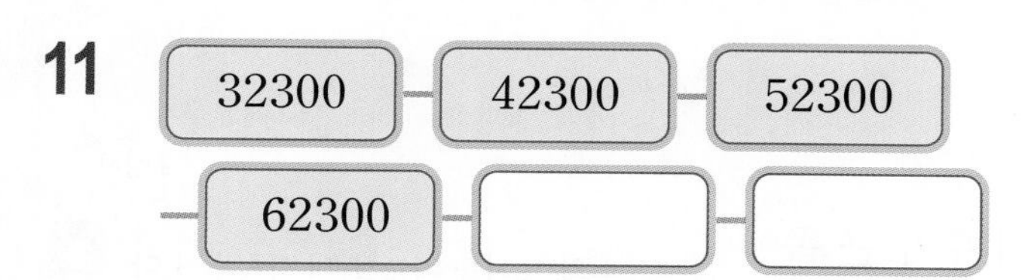

12

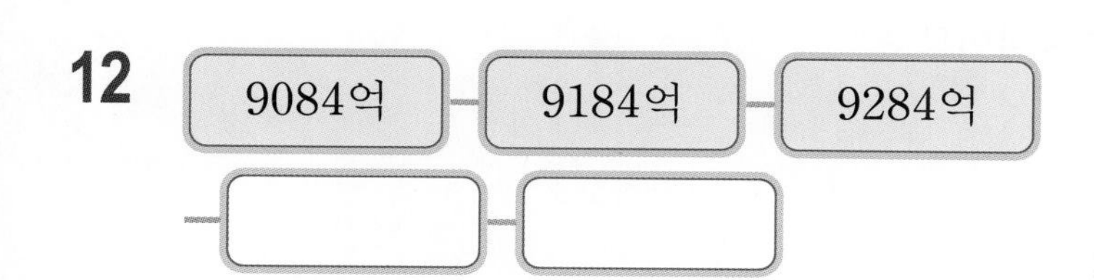

13

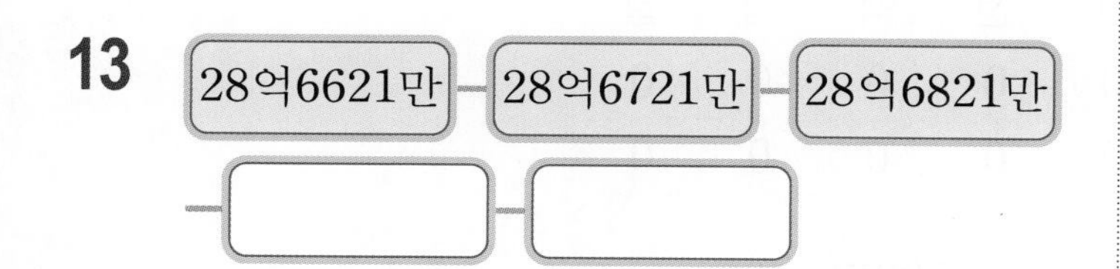

14

15

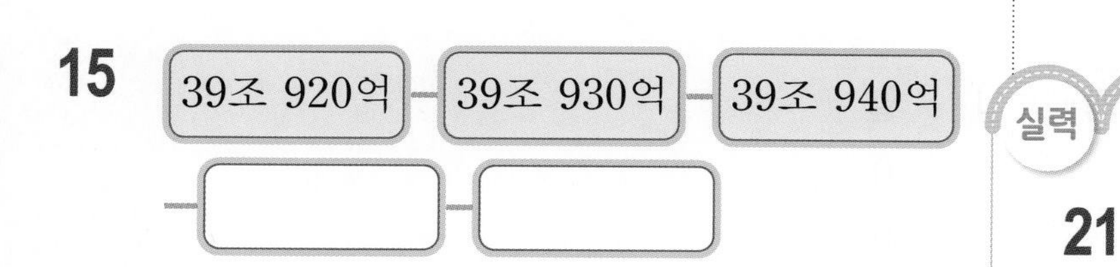

16

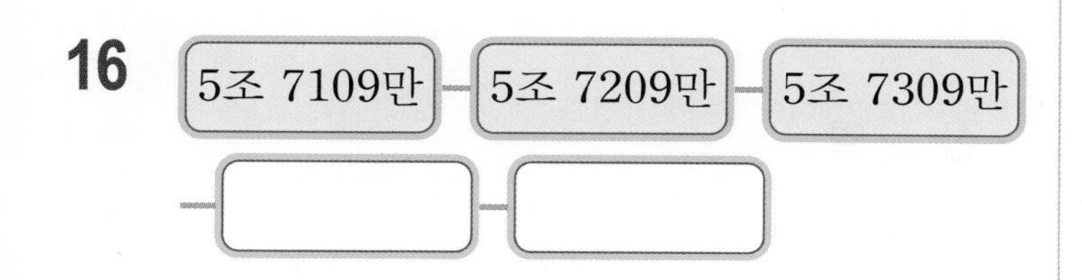

17

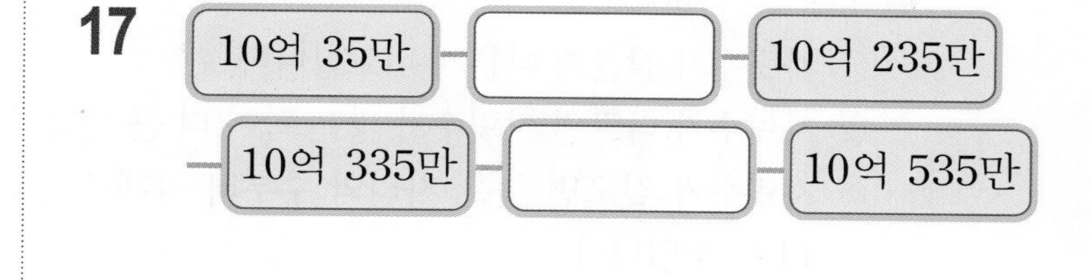

18

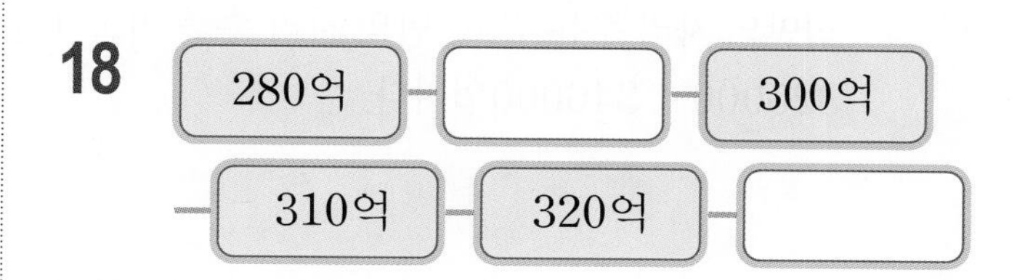

19

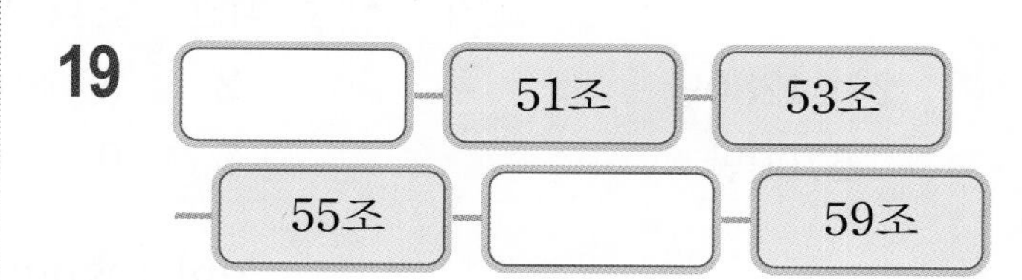

20

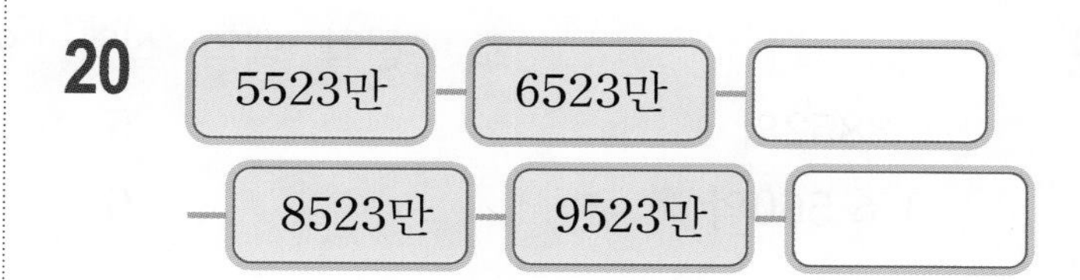

실력 up

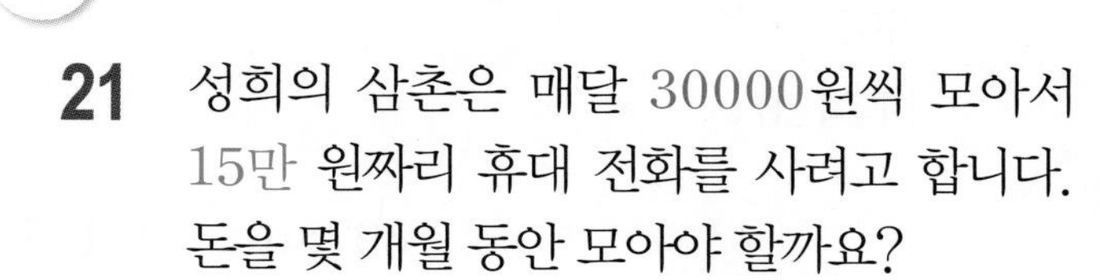

21 성희의 삼촌은 매달 30000원씩 모아서 15만 원짜리 휴대 전화를 사려고 합니다. 돈을 몇 개월 동안 모아야 할까요?

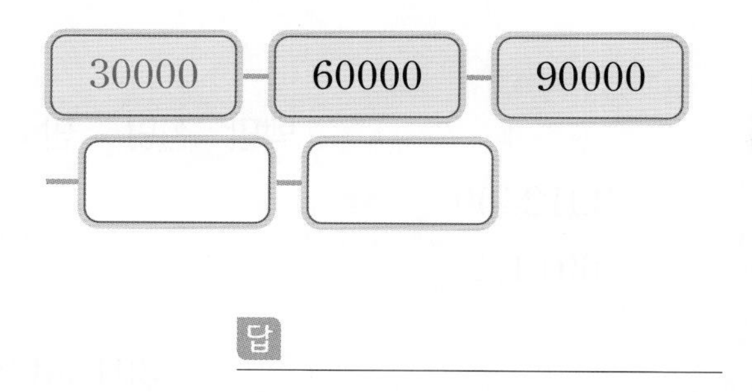

답

원리

❻ 수의 크기 비교

수의 크기 비교하기

① 자릿수가 같은지 다른지 비교합니다.
② 자릿수가 다르면 자릿수가 많은 쪽이 더 큰 수입니다.
③ 자릿수가 같으면 높은 자리의 수부터 차례로 비교하여 수가 큰 쪽이 더 큰 수입니다.

예 320000과 340000의 크기 비교하기
십만의 자리 수는 같고, 만의 자리 수를 비교하면 2 < 4이므로
320000 < 340000입니다.

조심이: 수의 크기를 비교할 때 자릿수가 다르면 자릿수가 많은 쪽이 더 큰 수야.

빈 곳에 알맞은 수를 써넣고, 두 수의 크기를 비교하여 ○ 안에 >, =, <를 써넣으세요.

1

	억	천만	백만	십만	만	천	백	십	일
2억 4280만 ➡			2	8	0	0	0	0	0
5700만 ➡			7	0	0	0	0	0	0

2억 4280만 ○ 5700만

2

	조	천억	백억	십억	억	천만	백만	십만	만	천	백	십	일
8852억 ➡				5	2	0	0	0	0	0	0	0	0
1조 560억 ➡				6	0	0	0	0	0	0	0	0	0

8852억 ○ 1조 560억

3

	십만	만	천	백	십	일
69780 ➡						0
117420 ➡						0

69780 ○ 117420

4

	백만	십만	만	천	백	십	일
3912400 ➡							
601472 ➡							

3912400 ○ 601472

5

	천만	백만	십만	만	천	백	십	일
3218만 ➡					0	0	0	0
3502만 ➡					0	0	0	0

3218만 ◯ 3502만

6

	백만	십만	만	천	백	십	일
5274600 ➡						0	0
5249800 ➡						0	0

5274600 ◯ 5249800

7

	억	천만	백만	십만	만	천	백	십	일
4억 2705만 ➡						0	0	0	0
4억 2750만 ➡						0	0	0	0

4억 2705만 ◯ 4억 2750만

8

	천억	백억	십억	억	천만	백만	십만	만	천	백	십	일
7413억 ➡					0	0	0	0	0	0	0	0
7408억 ➡					0	0	0	0	0	0	0	0

7413억 ◯ 7408억

9

	십억	억	천만	백만	십만	만	천	백	십	일
69억 4827만 ➡							0	0	0	0
69억 984만 ➡							0	0	0	0

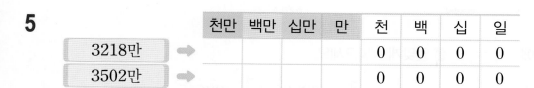

69억 4827만 ◯ 69억 984만

❻ 수의 크기 비교

두 수의 크기를 비교하여 ○ 안에 >, =, <를 알맞게 써넣으세요.

1 9800 ○ 1억 2100만

2 881200 ○ 89500

3 284조 4521억 ○ 28조 8677억

4 54억 8710만 ○ 402억 3420만

5 745195 ○ 2789213

6 5조 1298억 ○ 7457억 900만

7 30418859 ○ 7725430

8 32890 ○ 32645

9 25조 2490억 ○ 25조 3085억

10 720465 ○ 708114

11 711억 7042만 ○ 711억 6821만

12 92453385 ○ 92586641

13 3조 4704만 ○ 3조 128억

14 460억 172만 ○ 460억 84만

:: 두 수의 크기를 비교하여 더 큰 수에 ○표 하세요.

15 60245　　100432

16 7890만　　872만

17 2조 4580만　　9910억 6820만

18 8890210　　15900328

19 662790　　531145

20 38210908　　38800072

21 427조 1904만　　427조 27억

:: 두 수의 크기를 비교하여 더 작은 수에 △표 하세요.

22 1762조 380억　　1745조 2990억

23 5억 6253만　　5억 982만

24 3412007　　3412654

25 42억 470만　　42억 99만

26 5억 1500만　　5억 7243

실력 up

27 텔레비전의 가격은 876000원이고, 노트북의 가격은 847000원입니다. 텔레비전과 노트북 중 가격이 더 싼 것을 쓰세요.

876000　　847000

답 ____________

1. 큰 수

주어진 자리의 숫자와 나타내는 값을 쓰세요.

1 50438

백의 자리 숫자	나타내는 값

2 62195

천의 자리 숫자	나타내는 값

3 46750000

십만의 자리 숫자	나타내는 값

4 52090000

만의 자리 숫자	나타내는 값

5 8387650

백만의 자리 숫자	나타내는 값

6 329700000000

백억의 자리 숫자	나타내는 값

7 914200000000

천억의 자리 숫자	나타내는 값

8 34720950000

천만의 자리 숫자	나타내는 값

9 9513000000000000

백조의 자리 숫자	나타내는 값

10 424583162890000

십억의 자리 숫자	나타내는 값

뛰어 세는 규칙을 찾아 빈 곳에 알맞게 써넣으세요.

11

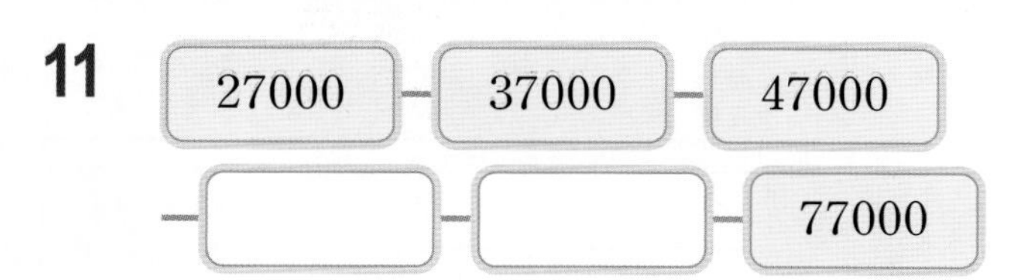

12

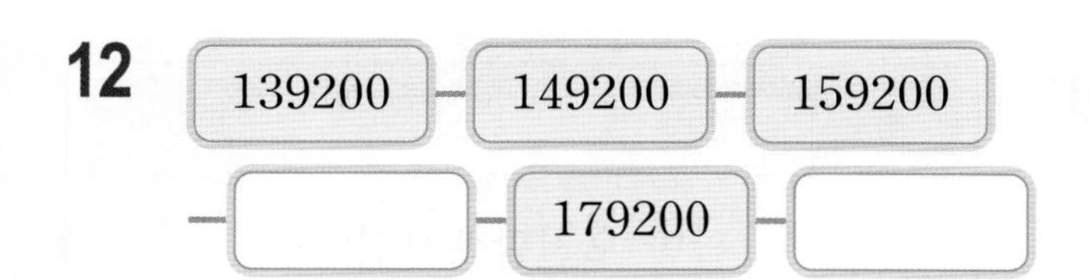

13

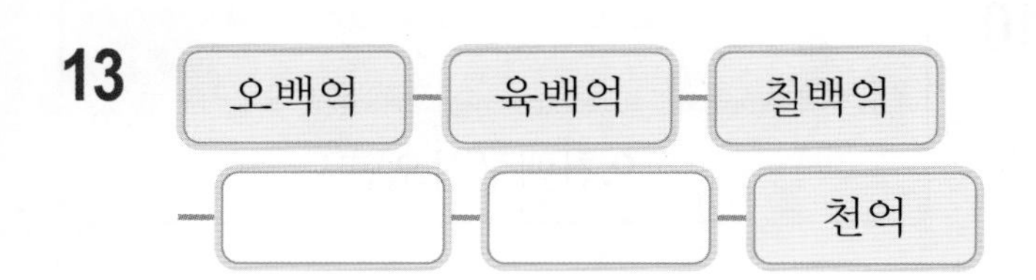

14

8조 720억 – 8조 730억 – ☐ – 8조 750억 – 8조 760억 – ☐

15

4461억 – ☐ – ☐ – 4761억 – 4861억 – 4961억

16

1084조 – ☐ – 1284조 – 1384조 – ☐ – 1584조

큰 수부터 차례로 ◯ 안에 번호를 써넣으세요.

17

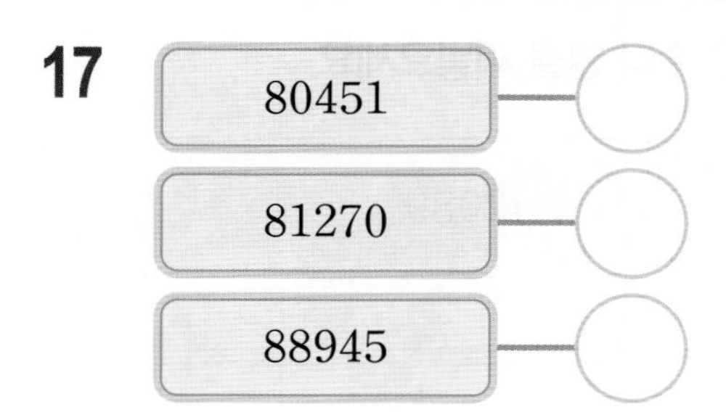

18

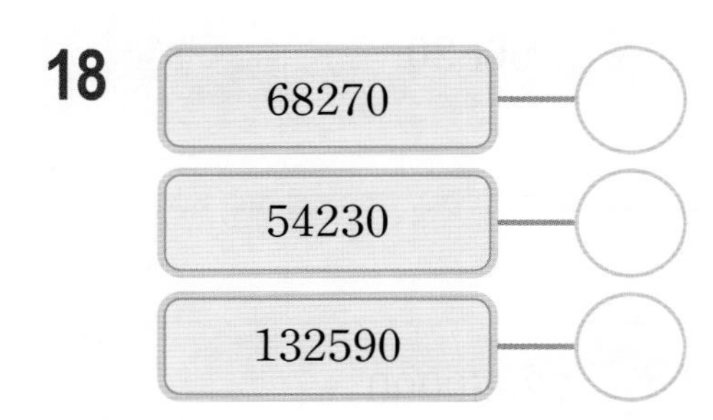

19

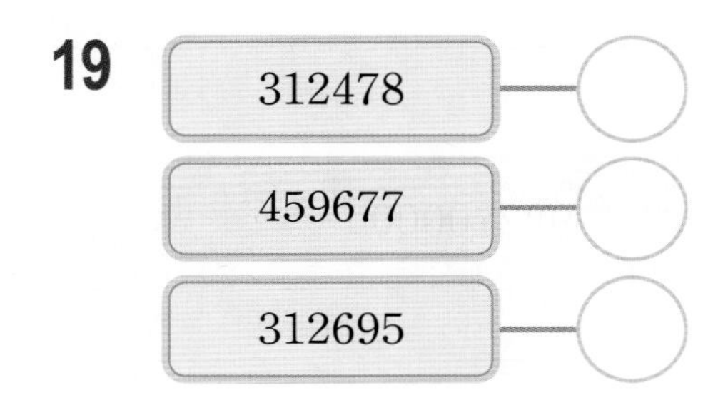

20

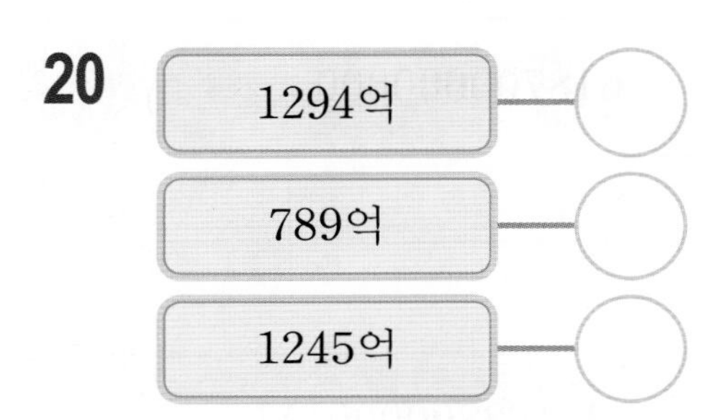

21

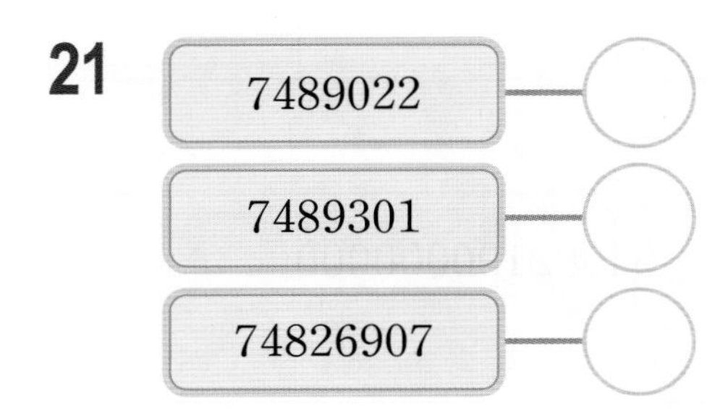

평가 1. 큰 수

□ 안에 알맞은 수나 말을 써넣으세요.

1

42089

□

2

66820

□

3

72060000

□

4

92270000

□

5

618700000000

□

6

31462800000

□

7

54082100000000

□

8

□

구만 오천사백이

9

□

팔만 오천팔백사십일

10

□

오천백구십오만

11

□

이천팔십구만

12

□

천사백칠십이억

13

□

육십팔억 구백팔십삼만

14

□

이백조 칠백사십구억

밑줄 친 숫자가 나타내는 값을 □ 안에 써넣으세요.

15

16

17

18

19

20

21 9604800 ➔ □

뛰어 세는 규칙을 찾아 빈 곳에 알맞게 써넣으세요.

22

23

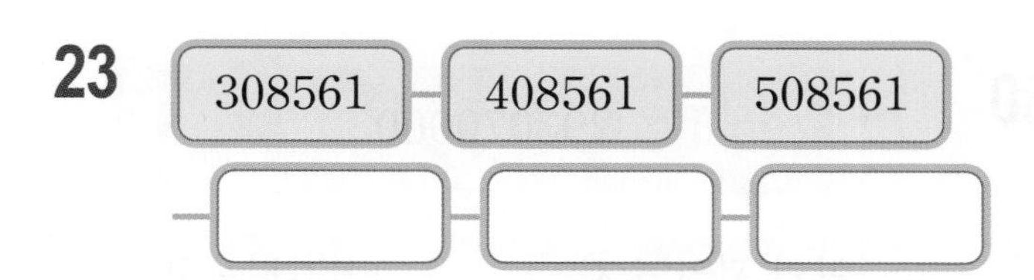

24

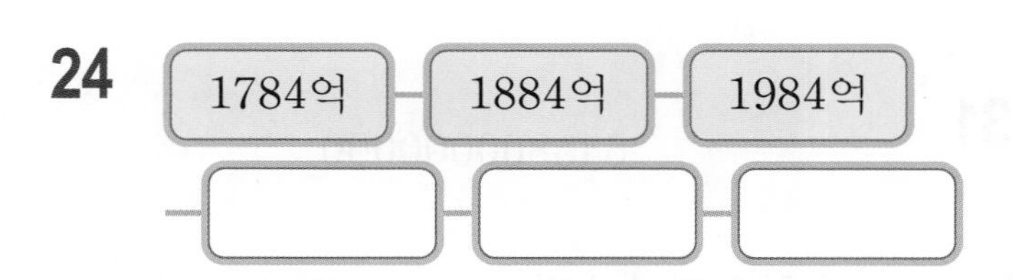

두 수의 크기를 비교하여 ○ 안에 >, =, <를 알맞게 써넣으세요.

25 2억 ○ 8219만

26 9021577 ○ 9032865

두 수의 크기를 비교하여 더 작은 수에 △표 하세요.

27 438억 1700만 436억 1265만

28 51조 693만 51조 27억

정답 ➔ 4쪽

주어진 자리의 숫자와 나타내는 값을 쓰세요.

29 28930

천의 자리 숫자	나타내는 값

30 293070000

만의 자리 숫자	나타내는 값

31 645800000000

천억의 자리 숫자	나타내는 값

32 189200000000

백억의 자리 숫자	나타내는 값

33 3271000000000000

백조의 자리 숫자	나타내는 값

34 5645680

백만의 자리 숫자	나타내는 값

뛰어 세는 규칙을 찾아 빈 곳에 알맞게 써넣으세요.

35 ☐ – 23000 – 33000 – 43000 – ☐ – 63000

36 이백억 – ☐ – 사백억 – 오백억 – 육백억 – ☐

37 120조 – 125조 – ☐ – 135조 – ☐ – 145조

큰 수부터 차례로 ◯ 안에 번호를 써넣으세요.

38
- 38902 – ◯
- 30892 – ◯
- 39802 – ◯

39
- 1028억 – ◯
- 823억 – ◯
- 9052억 – ◯

40
- 8829301 – ◯
- 8902310 – ◯
- 8290013 – ◯

2 각도

학습 계획표

학습 내용	원리	연습
❶ 각도의 합	Day **15**	Day **16**
❷ 각도의 차	Day **17**	Day **18**
적용	Day **19**	
평가	Day **20**	

학습 관리 **tip** 맨 앞장의 학습 플래너를 이용하여 학습 스케줄을 관리하도록 하세요!

원리

❶ 각도의 합

원리 동영상 강의

● 각도의 합을 구하는 방법

각도의 합은 자연수의 덧셈과 같은 방법으로 계산한 후에 각도의 단위인 도(°)를 씁니다.

예 $40^\circ + 10^\circ$의 계산

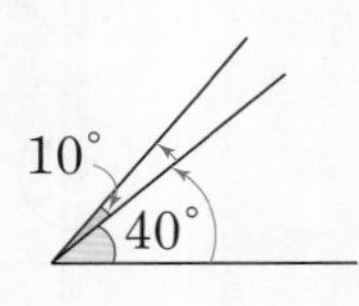

	4	0
+	1	0
	5	0

➡ $40^\circ + 10^\circ = 50^\circ$

$40 + 10 = 50$

뿜뿜이

자연수의 덧셈, 뺄셈 방법만 알면 각도의 덧셈, 뺄셈도 문제없지!

빈칸에 알맞은 수를 써넣어 각도의 합을 구하세요.

1

	2	0
+	3	0

➡ $20^\circ + 30^\circ = \square^\circ$

2

	5	0
+	2	0

➡ $50^\circ + 20^\circ = \square^\circ$

3

	4	0
+	4	0

➡ $40^\circ + 40^\circ = \square^\circ$

4

	1	5
+	6	0

➡ $15^\circ + 60^\circ = \square^\circ$

5

	6	0
+	5	0

➡ $60^\circ + 50^\circ = \square^\circ$

6

	7	0
+	6	0

➡ $70^\circ + 60^\circ = \square^\circ$

7

	2	0
+	8	0

➡ $20^\circ + 80^\circ = \square^\circ$

8

	1	0	0
+		3	0

➡ $100^\circ + 30^\circ = \square^\circ$

9

	3	0
+	6	0

➡ $30^\circ+60^\circ=\square^\circ$

10

	8	5
+	1	0

➡ $85^\circ+10^\circ=\square^\circ$

11

	4	5
+	2	5

➡ $45^\circ+25^\circ=\square^\circ$

12

	3	0
+	8	0

➡ $30^\circ+80^\circ=\square^\circ$

13

	3	0
+	9	0

➡ $30^\circ+90^\circ=\square^\circ$

14

	8	0
+	7	0

➡ $80^\circ+70^\circ=\square^\circ$

15

	1	1	0
+		7	0

➡ $110^\circ+70^\circ=\square^\circ$

16

		6	0
+	1	0	5

➡ $60^\circ+105^\circ=\square^\circ$

17

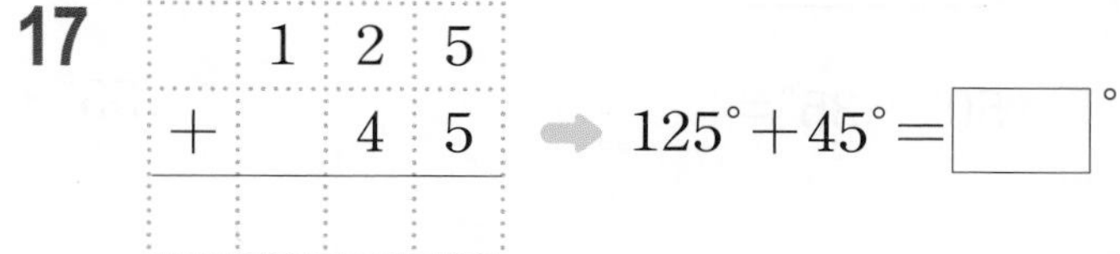

	1	2	5
+		4	5

➡ $125^\circ+45^\circ=\square^\circ$

18

	1	1	5
+	1	0	0

➡ $115^\circ+100^\circ=\square^\circ$

19

		7	0
+	1	2	0

➡ $70^\circ+120^\circ=\square^\circ$

20

	1	1	5
+		4	0

➡ $115^\circ+40^\circ=\square^\circ$

❶ 각도의 합

정확성 up!

각도의 합을 구하세요.

1

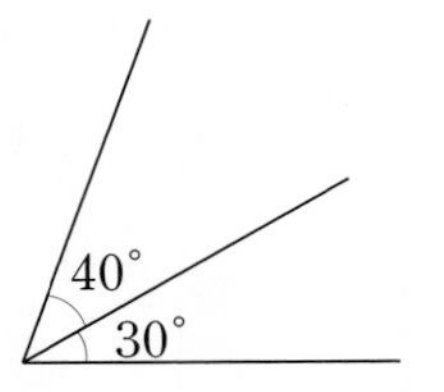

$30^\circ + 40^\circ = \square^\circ$

2

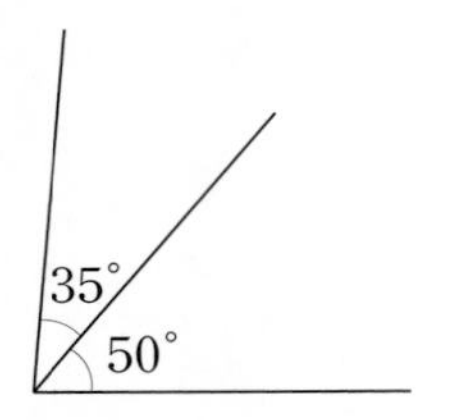

$50^\circ + 35^\circ = \square^\circ$

3

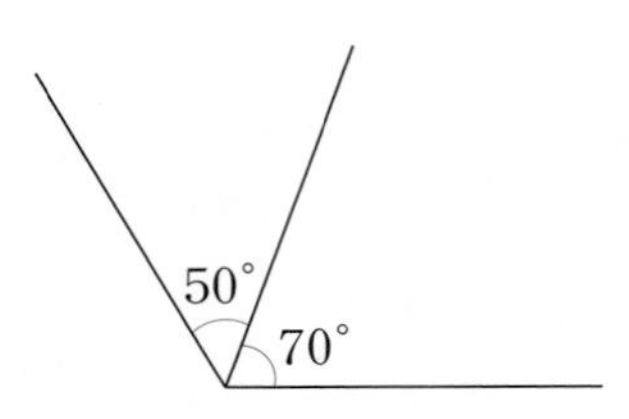

$70^\circ + 50^\circ = \square^\circ$

4

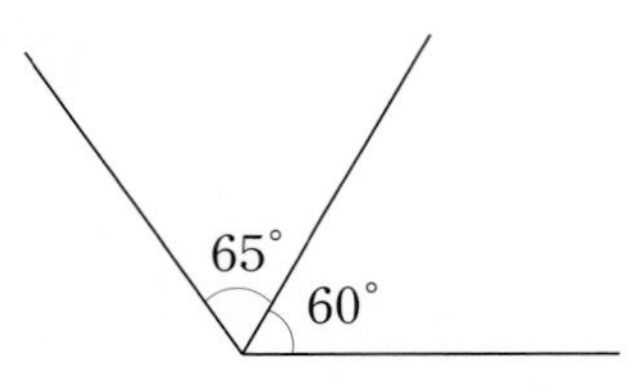

$60^\circ + 65^\circ = \square^\circ$

5

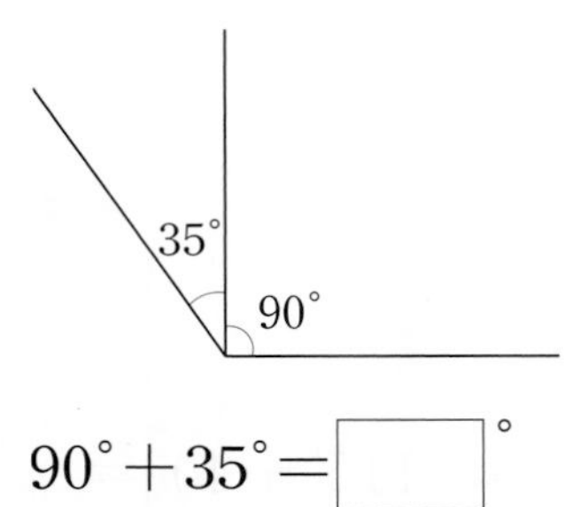

$90^\circ + 35^\circ = \square^\circ$

6

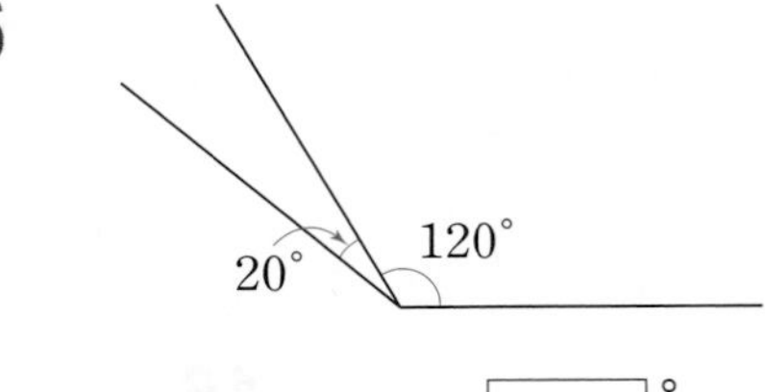

$120^\circ + 20^\circ = \square^\circ$

7

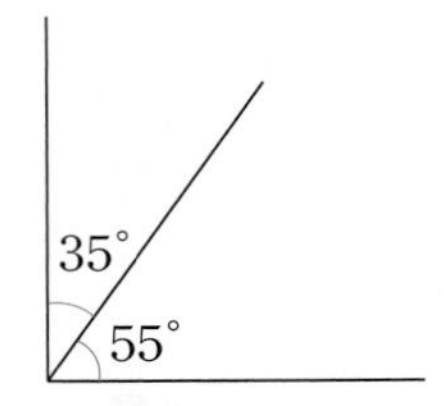

$55^\circ + 35^\circ = \square^\circ$

8

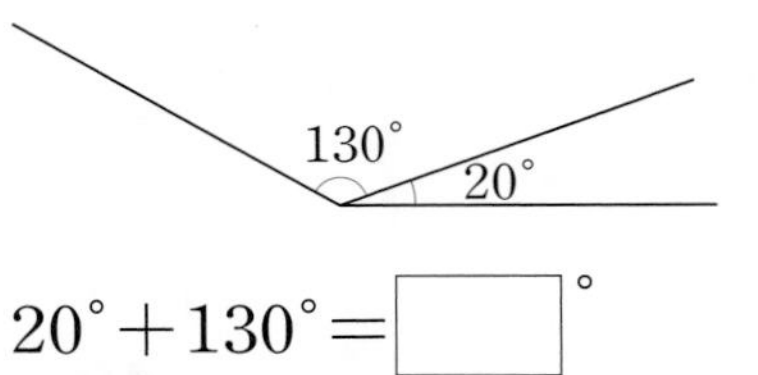

$20^\circ + 130^\circ = \square^\circ$

9

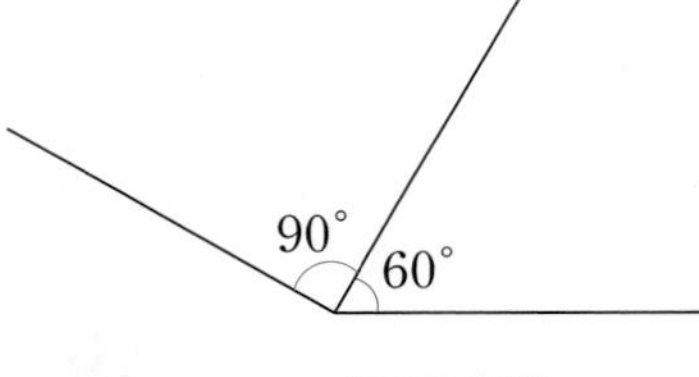

$60^\circ + 90^\circ = \square^\circ$

10

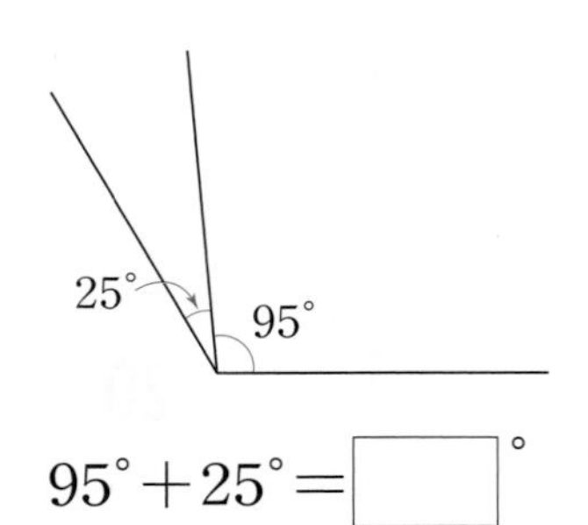

$95^\circ + 25^\circ = \square^\circ$

월 일	분	개
학습 날짜	학습 시간	맞힌 개수

11 $10^\circ+80^\circ$

12 $40^\circ+50^\circ$

13 $90^\circ+40^\circ$

14 $55^\circ+30^\circ$

15 $100^\circ+50^\circ$

16 $90^\circ+15^\circ$

17 $35^\circ+60^\circ$

18 $110^\circ+60^\circ$

19 $135^\circ+45^\circ$

20 $75^\circ+75^\circ$

21 $45^\circ+120^\circ$

22 $90^\circ+85^\circ$

정확성 up!

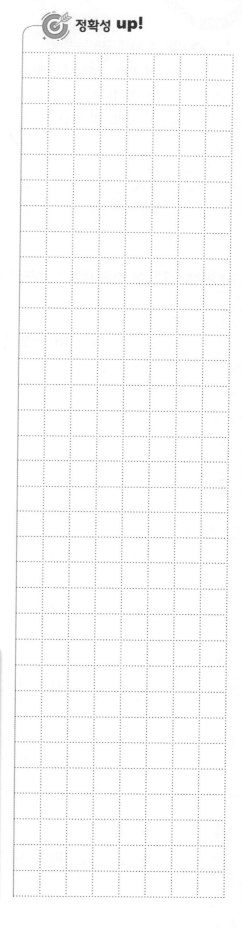

23 두 각도의 합을 구하세요.

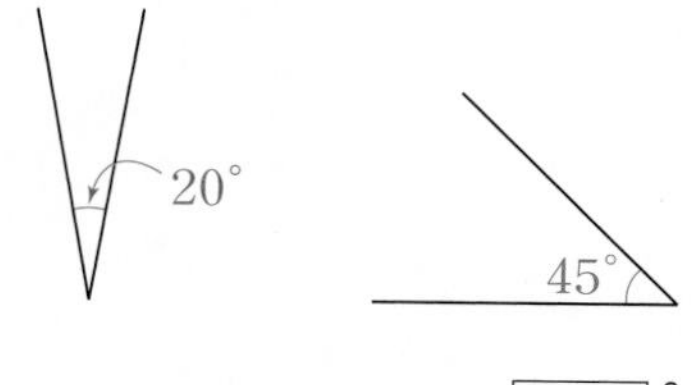

$20^\circ+45^\circ=\square^\circ$

답

❷ 각도의 차

○ 각도의 차를 구하는 방법

각도의 차는 자연수의 뺄셈과 같은 방법으로 계산한 후에 각도의 단위인 도(°)를 씁니다.

㉮ $70°-20°$의 계산

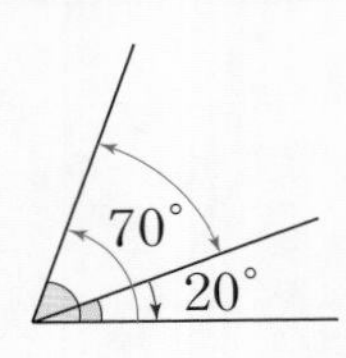

	7	0
−	2	0
	5	0

➡ $70°-20°=50°$ ($70-20=50$)

조심이: 계산을 다 하고, 단위를 빼놓고 쓰면 안 돼.

빈칸에 알맞은 수를 써넣어 각도의 차를 구하세요.

1

	3	0
−	2	0

➡ $30°-20°=\square°$

2

	5	0
−	2	0

➡ $50°-20°=\square°$

3

	8	0
−	4	0

➡ $80°-40°=\square°$

4

	9	0
−	6	5

➡ $90°-65°=\square°$

5

	1	0	0
−		5	0

➡ $100°-50°=\square°$

6

	1	1	0
−		4	0

➡ $110°-40°=\square°$

7

	1	2	5
−		8	0

➡ $125°-80°=\square°$

8

	1	7	0
−	1	0	5

➡ $170°-105°=\square°$

월 일	분	개
학습 날짜	학습 시간	맞힌 개수

9

	6	5
−	2	0

➡ $65^\circ - 20^\circ = \square^\circ$

10

	8	5
−	1	5

➡ $85^\circ - 15^\circ = \square^\circ$

11

	8	0
−	6	5

➡ $80^\circ - 65^\circ = \square^\circ$

12

	1	3	0
−		6	0

➡ $130^\circ - 60^\circ = \square^\circ$

13

	1	8	0
−	1	0	0

➡ $180^\circ - 100^\circ = \square^\circ$

14

	1	5	5
−		9	0

➡ $155^\circ - 90^\circ = \square^\circ$

15

	1	2	0
−		8	0

➡ $120^\circ - 80^\circ = \square^\circ$

16

	1	0	0
−		4	5

➡ $100^\circ - 45^\circ = \square^\circ$

17

	1	3	5
−		5	5

➡ $135^\circ - 55^\circ = \square^\circ$

18

	1	6	0
−	1	2	5

➡ $160^\circ - 125^\circ = \square^\circ$

19

	1	2	0
−		7	0

➡ $120^\circ - 70^\circ = \square^\circ$

20

	1	1	0
−		5	5

➡ $110^\circ - 55^\circ = \square^\circ$

❷ 각도의 차

정확성 up!

각도의 차를 구하세요.

1

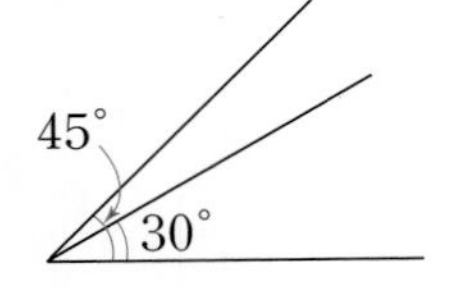

$45° - 30° = \square°$

2

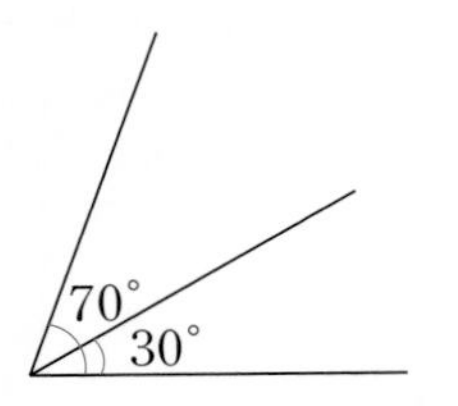

$70° - 30° = \square°$

3

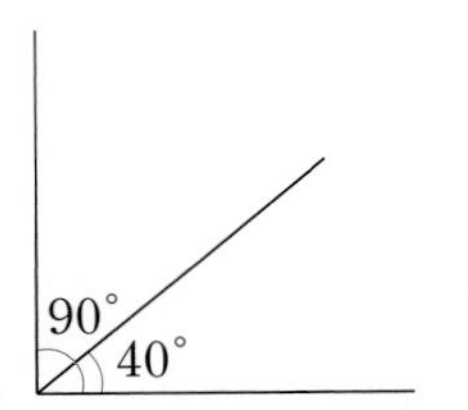

$90° - 40° = \square°$

4

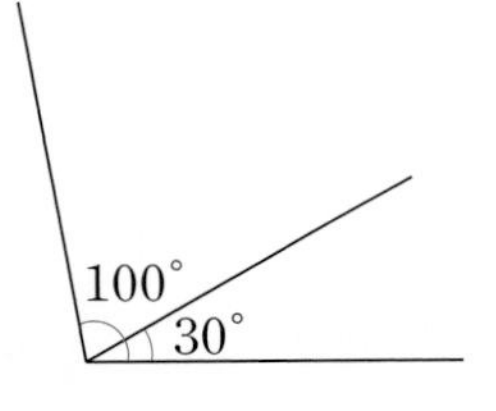

$100° - 30° = \square°$

5

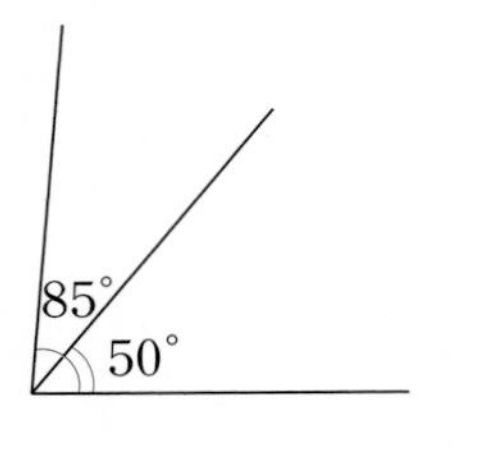

$85° - 50° = \square°$

6

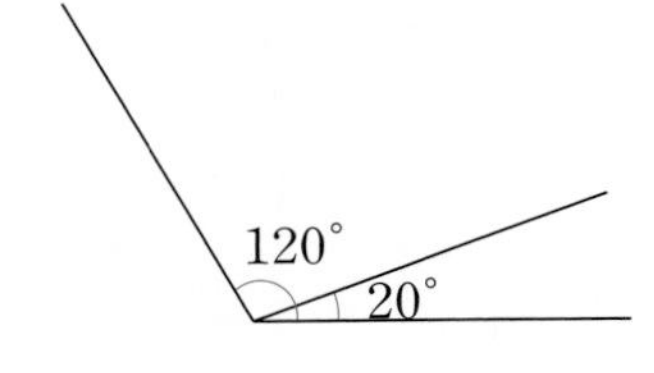

$120° - 20° = \square°$

7

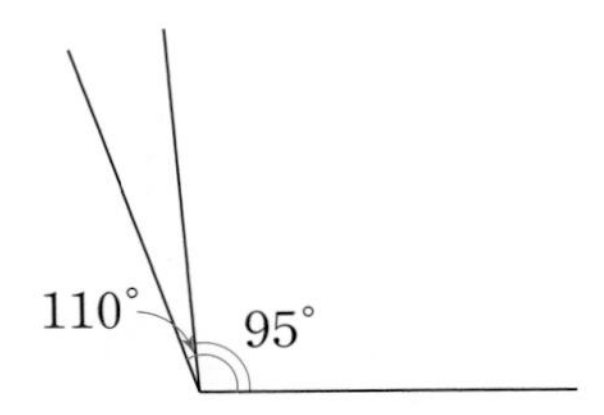

$110° - 95° = \square°$

8

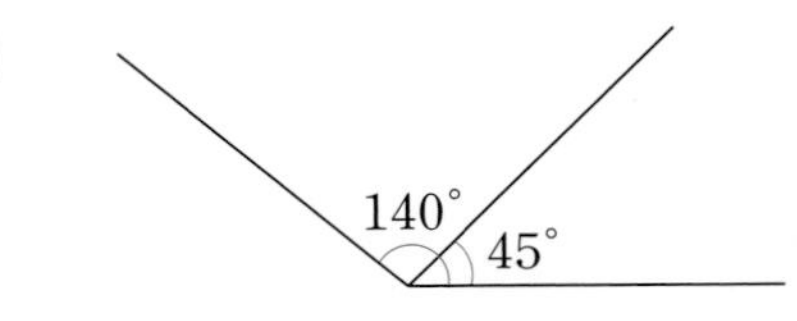

$140° - 45° = \square°$

9

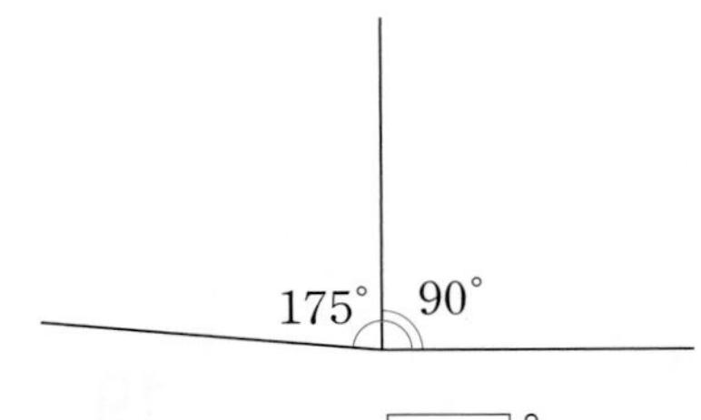

$175° - 90° = \square°$

10

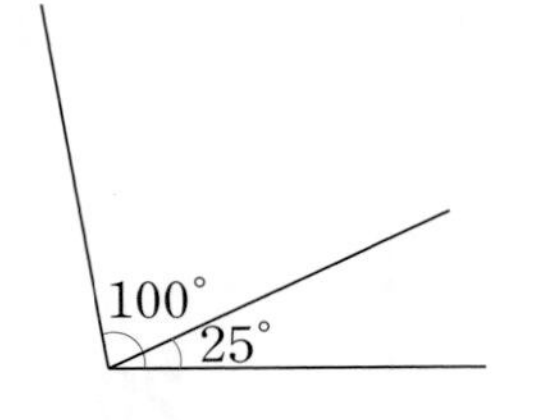

$100° - 25° = \square°$

정답 ➔ 5쪽

월 일	분	개
학습 날짜	학습 시간	맞힌 개수

11 $80^\circ-10^\circ$

12 $50^\circ-40^\circ$

13 $95^\circ-40^\circ$

14 $50^\circ-35^\circ$

15 $125^\circ-50^\circ$

16 $90^\circ-15^\circ$

17 $175^\circ-55^\circ$

18 $110^\circ-60^\circ$

19 $135^\circ-90^\circ$

20 $170^\circ-75^\circ$

21 $125^\circ-65^\circ$

22 $180^\circ-155^\circ$

23 두 각도의 차를 구하세요.

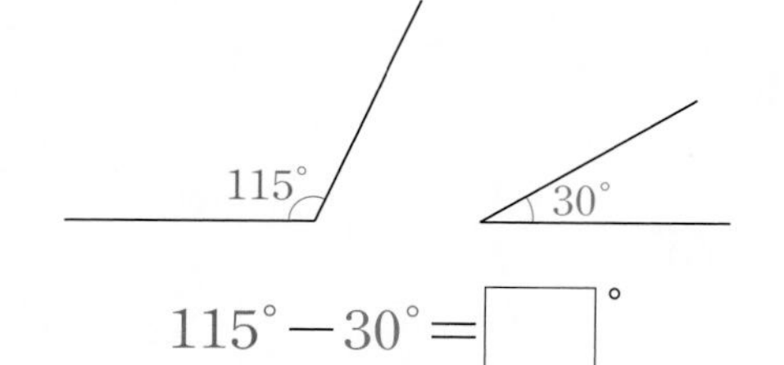

$115^\circ-30^\circ=\square^\circ$

정확성 up!

□ 안에 알맞은 수를 써넣으세요.

1

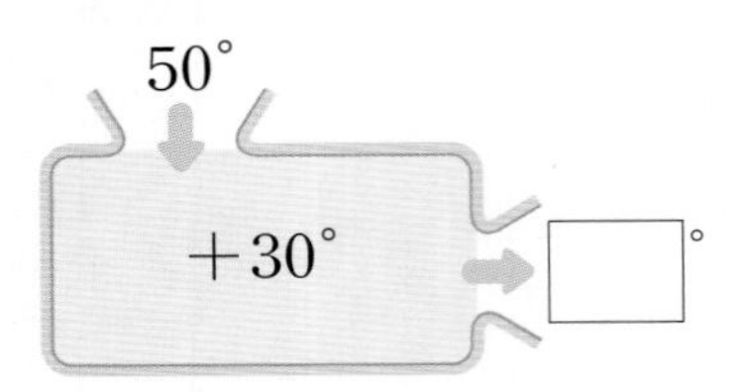

2

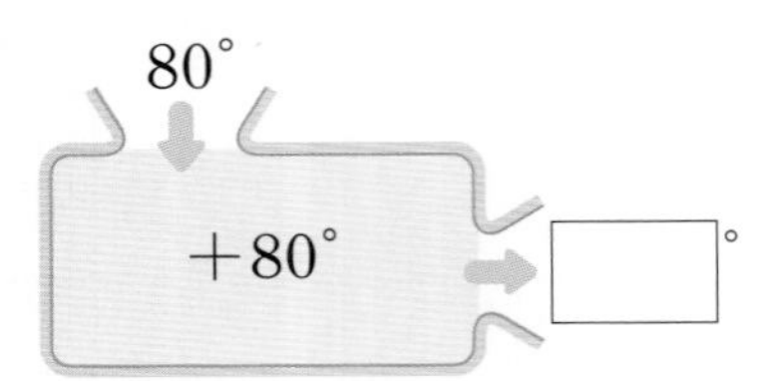

3

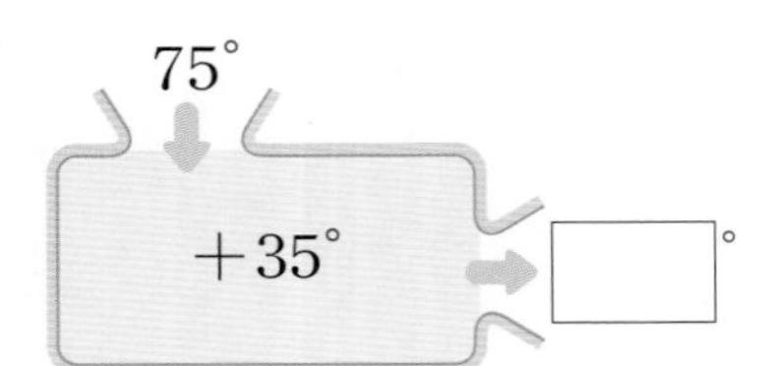

4

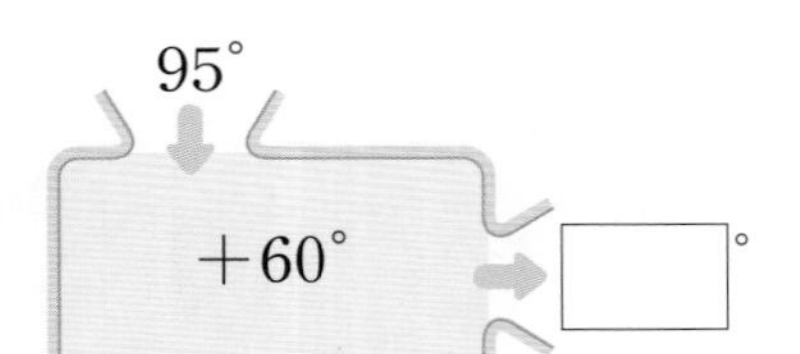

5

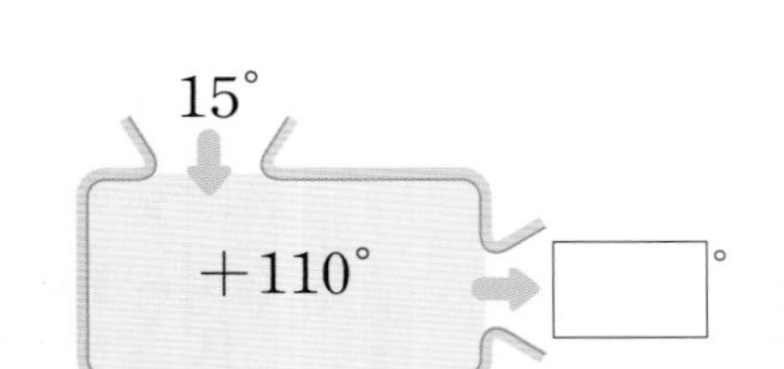

6

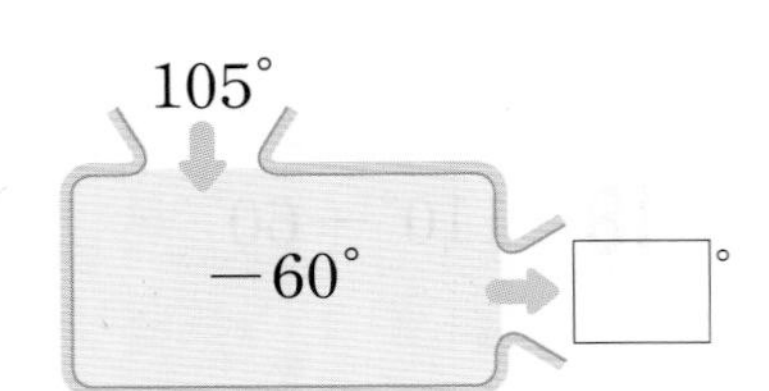

7

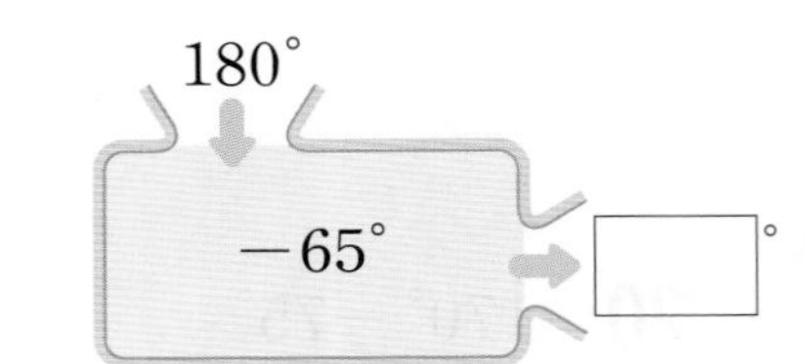

8

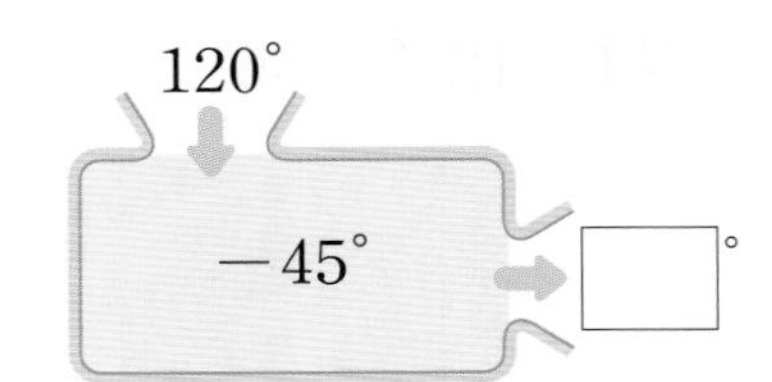

9

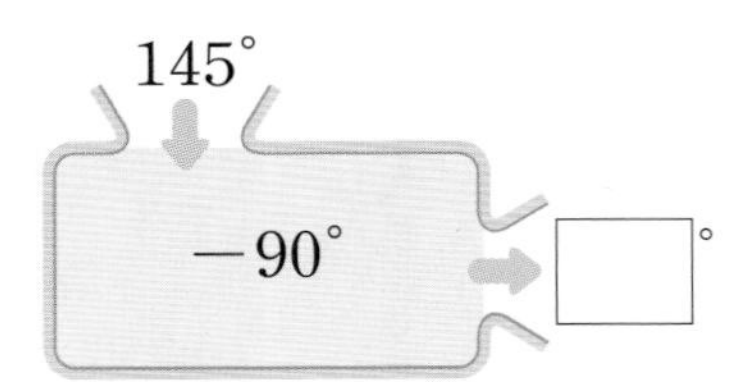

10

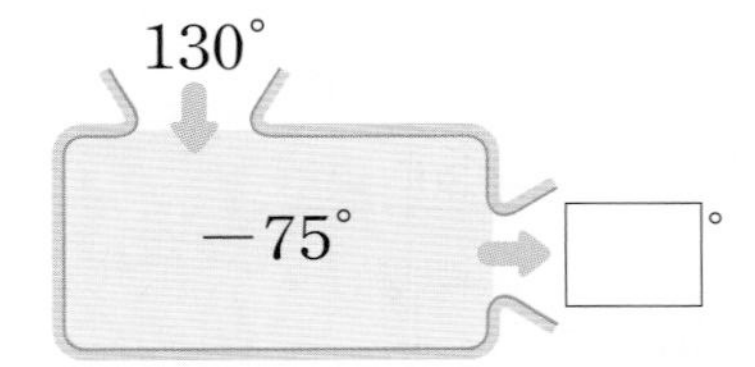

∷ 빈 곳에 두 각도의 합을 써넣으세요.

11

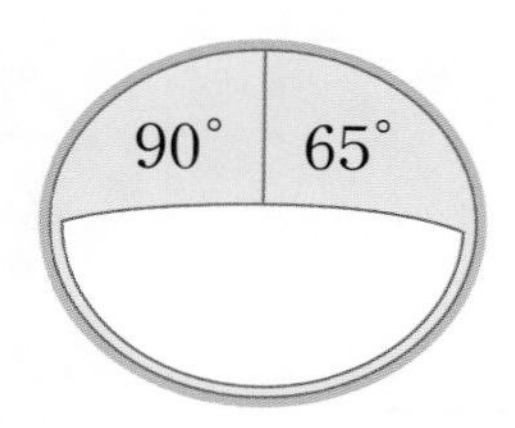

12

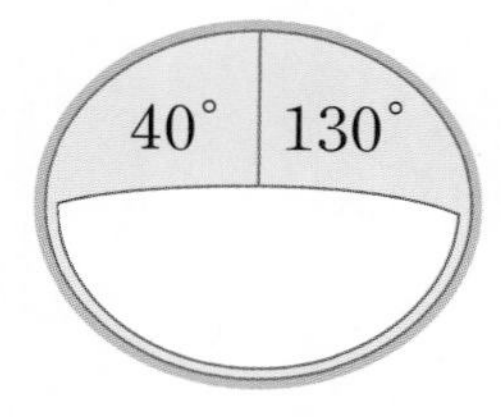

13

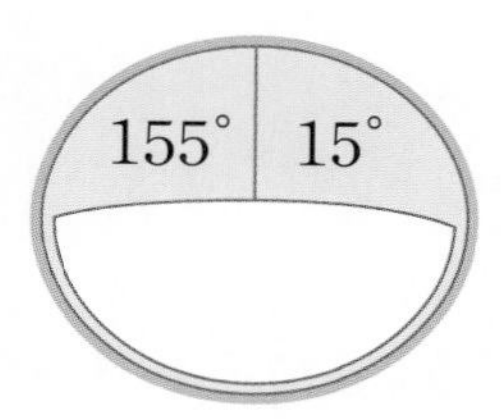

14

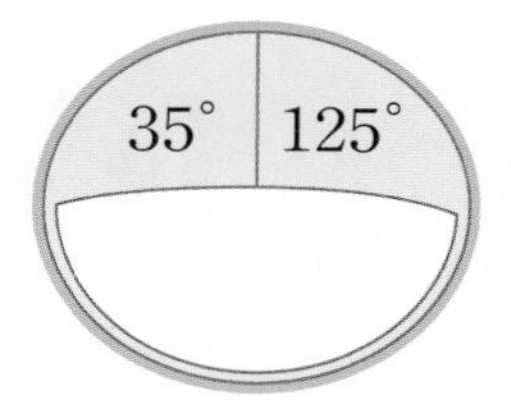

15

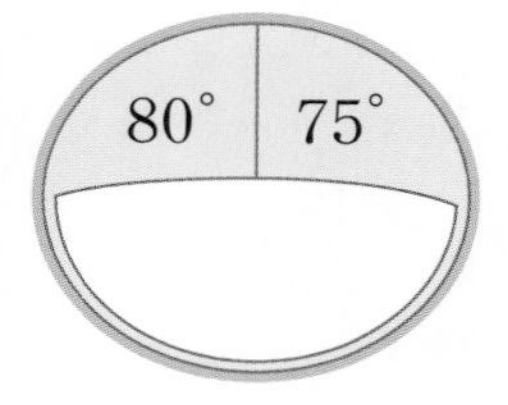

∷ 빈 곳에 두 각도의 차를 써넣으세요.

16

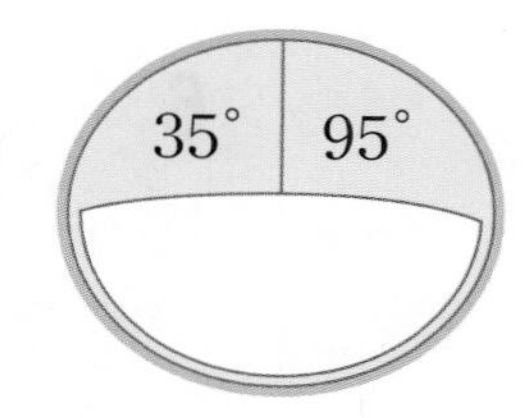

17

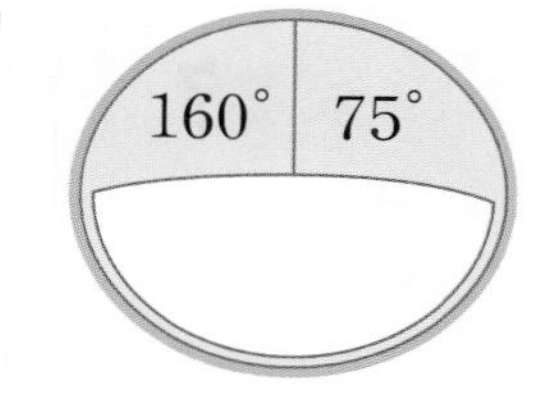

18

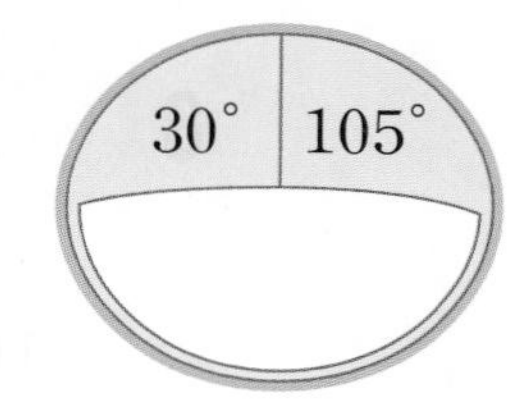

19

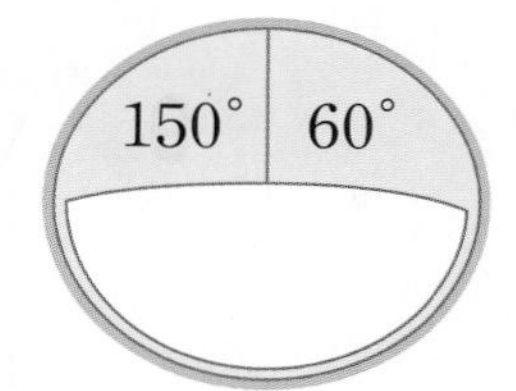

20

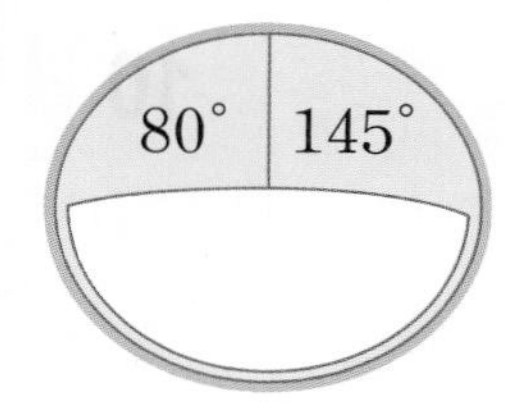

정확성 up!

평가 2. 각도

각도의 합 또는 차를 구하세요.

1

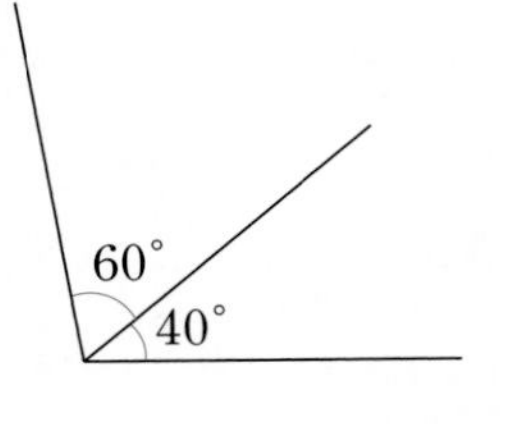

$40^\circ + 60^\circ = \square^\circ$

2

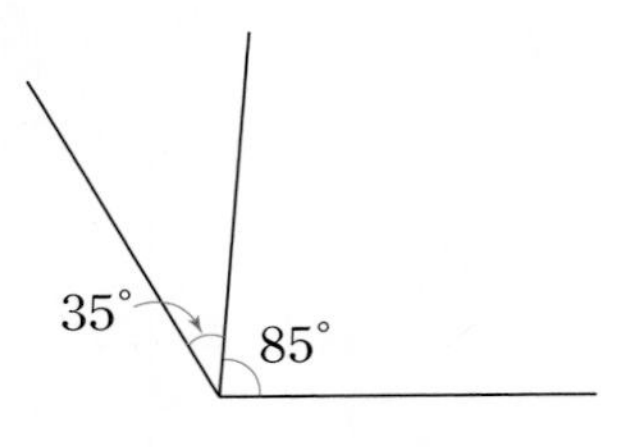

$85^\circ + 35^\circ = \square^\circ$

3

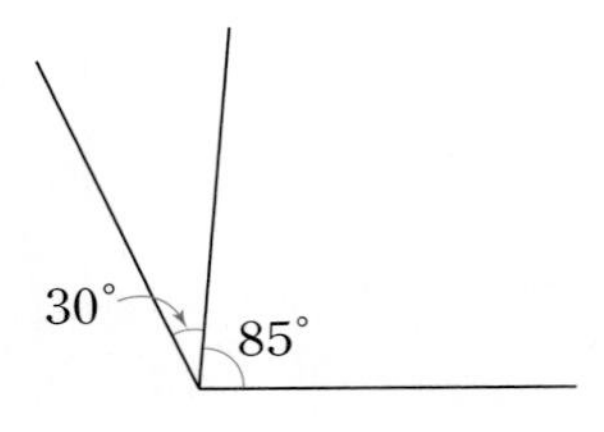

$85^\circ + 30^\circ = \square^\circ$

4

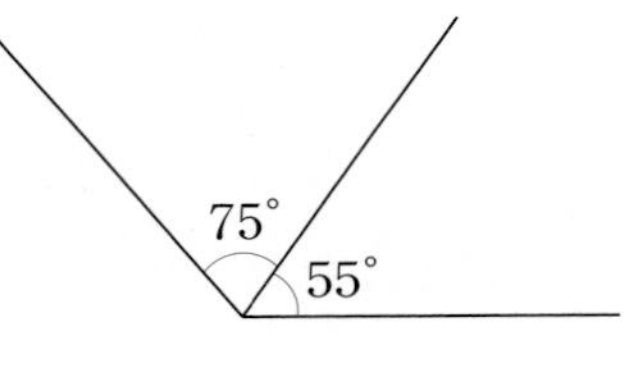

$55^\circ + 75^\circ = \square^\circ$

5

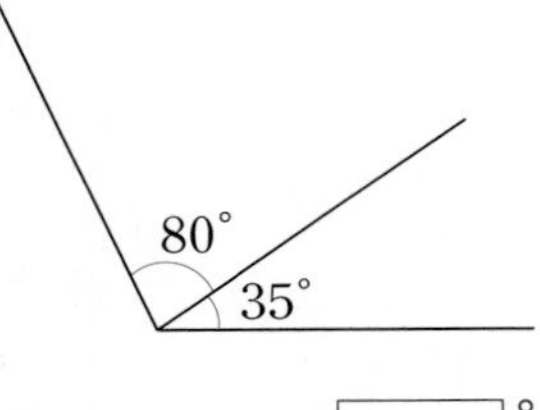

$35^\circ + 80^\circ = \square^\circ$

6

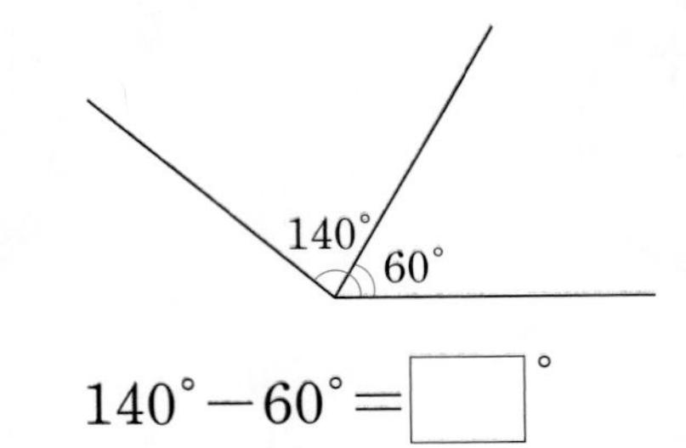

$140^\circ - 60^\circ = \square^\circ$

7

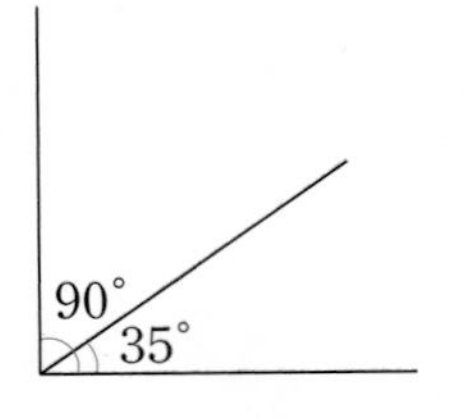

$90^\circ - 35^\circ = \square^\circ$

8

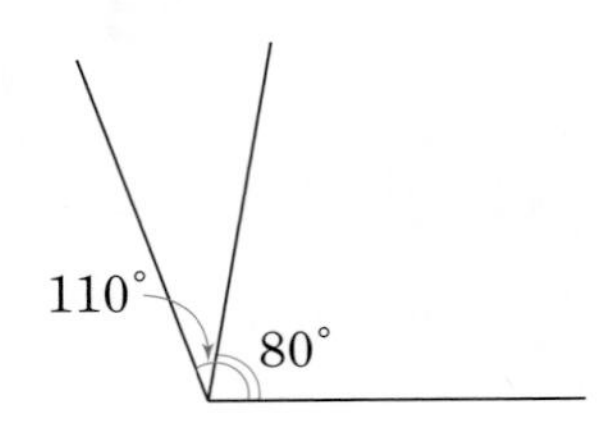

$110^\circ - 80^\circ = \square^\circ$

9

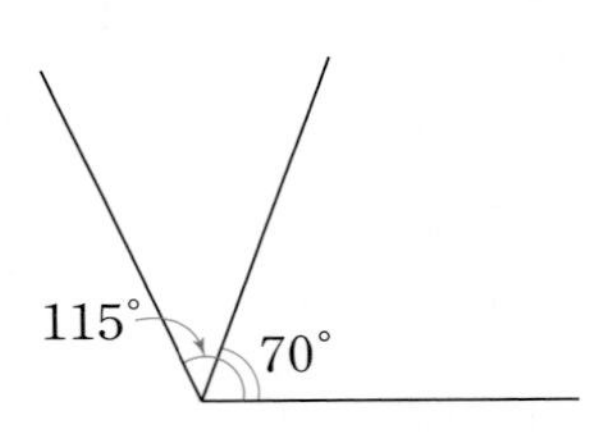

$115^\circ - 70^\circ = \square^\circ$

10

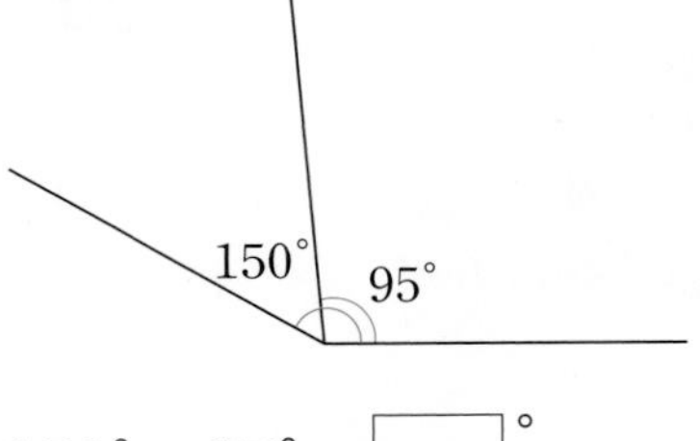

$150^\circ - 95^\circ = \square^\circ$

11 $20^\circ + 90^\circ$

12 $50^\circ + 50^\circ$

13 $90^\circ + 70^\circ$

14 $45^\circ + 65^\circ$

15 $105^\circ + 30^\circ$

16 $15^\circ + 115^\circ$

17 $85^\circ + 65^\circ$

18 $130^\circ + 25^\circ$

19 $150^\circ - 120^\circ$

20 $130^\circ - 90^\circ$

21 $85^\circ - 60^\circ$

22 $140^\circ - 105^\circ$

23 $170^\circ - 80^\circ$

24 $115^\circ - 50^\circ$

25 $135^\circ - 75^\circ$

26 $125^\circ - 70^\circ$

□ 안에 알맞은 수를 써넣으세요.

27

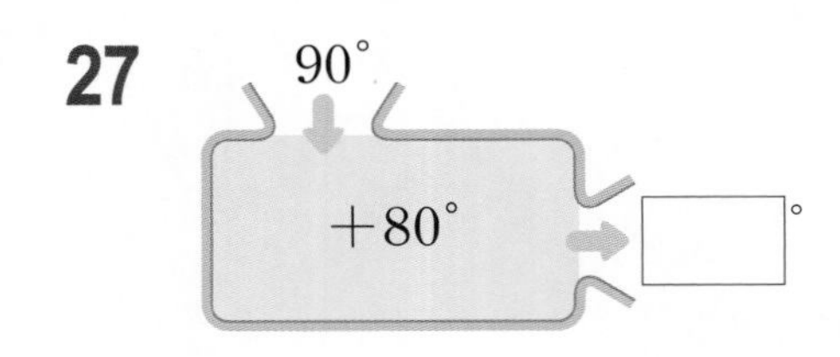

28

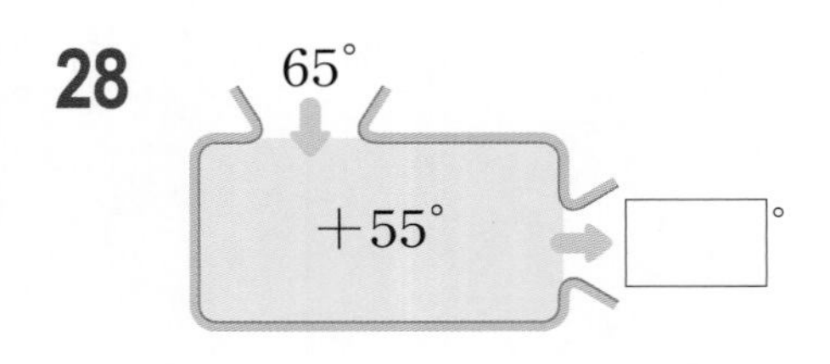

29

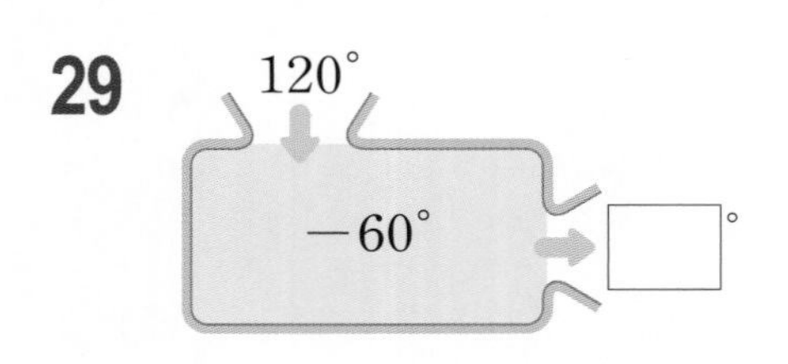

30

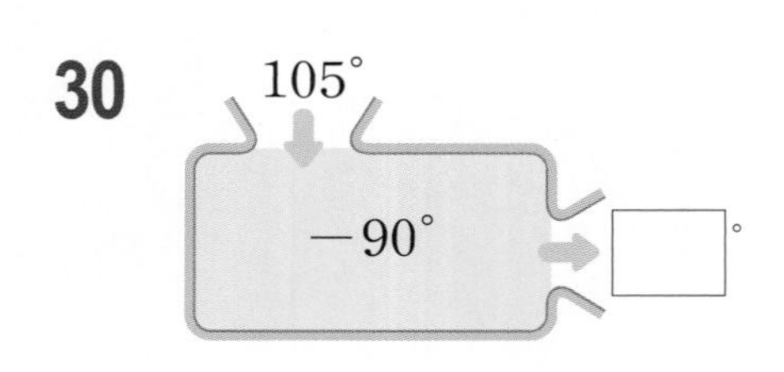

31

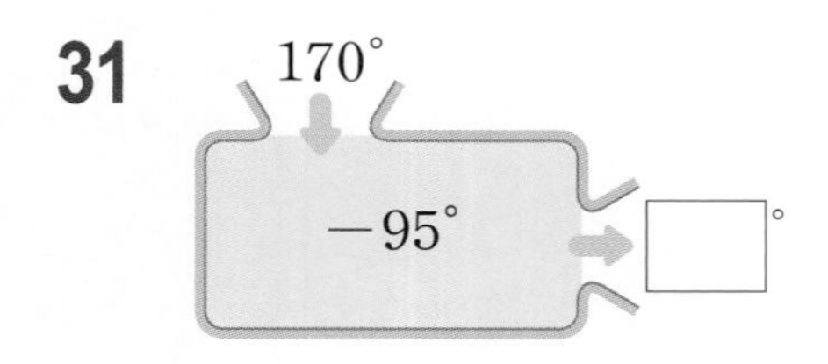

빈 곳에 두 각도의 합을 써넣으세요.

32

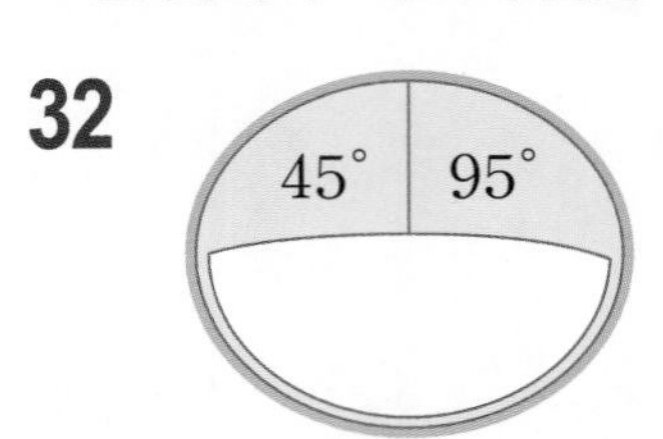

33

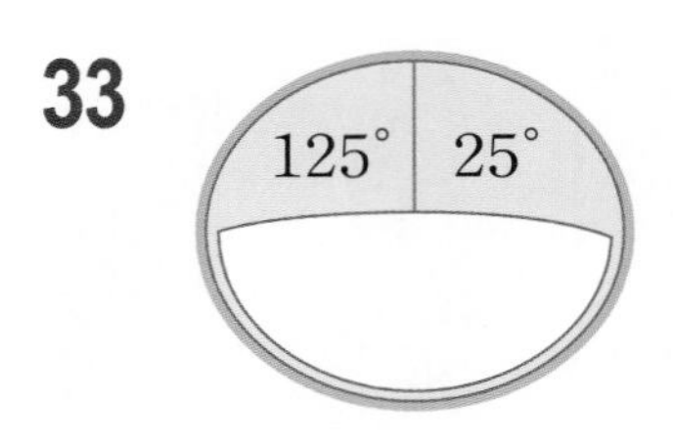

34

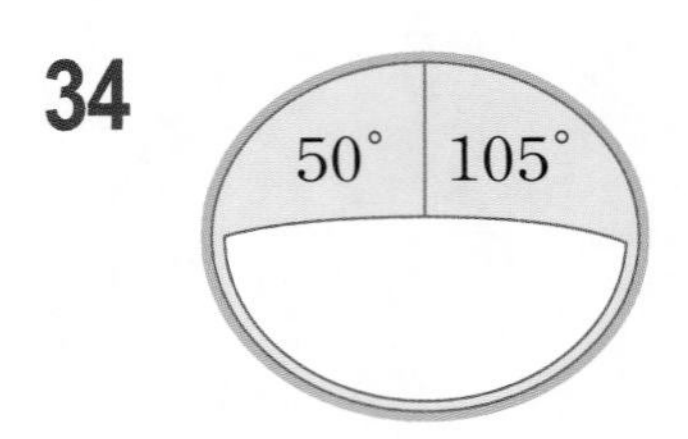

빈 곳에 두 각도의 차를 써넣으세요.

35

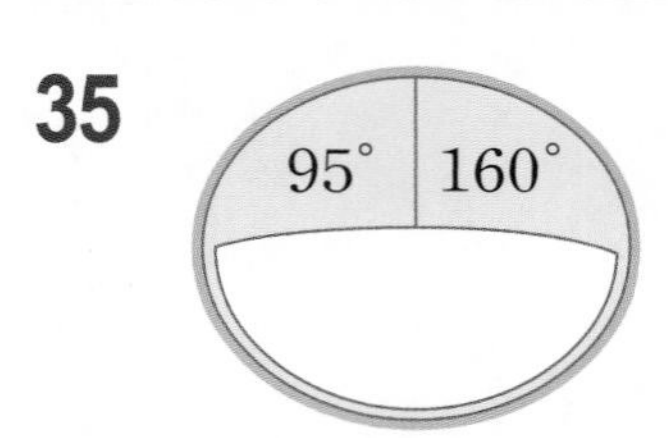

36

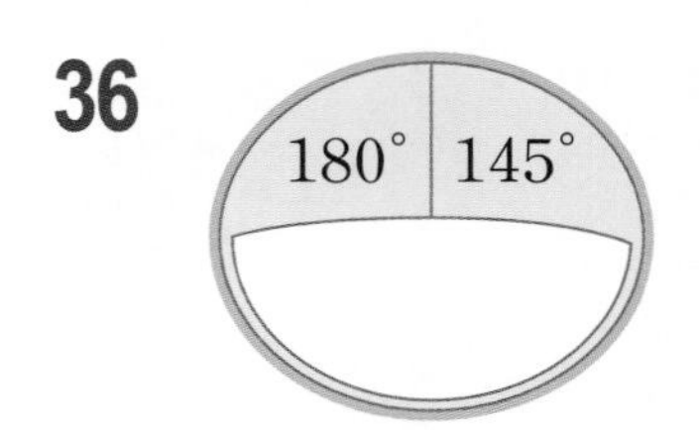

37

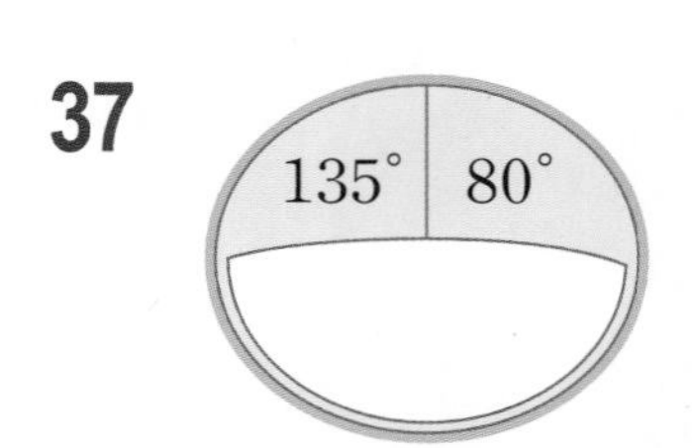

강화

3 곱셈

학습 계획표

학습 내용	원리	연습	적용
❶ (몇백)×(몇십)	Day **21**	Day **22**	Day **23**
❷ (몇백몇십)×(몇십)	Day **24**	Day **25**	Day **26**
❸ (세 자리 수)×(몇십)	Day **27**	Day **28**	Day **29**
❹ (세 자리 수)×(두 자리 수)	Day **30**	Day **31**	Day **32**
평가		Day **33**	

학습 관리 **tip** 맨 앞장의 학습 플래너를 이용하여 학습 스케줄을 관리하도록 하세요!

원리 ❶ (몇백)×(몇십)

● (몇백)×(몇십)의 계산 방법

100×10=1000이므로
(몇백)×(몇십)은 (몇)×(몇)의 값에 0을 3개 붙입니다.

예 300×70의 계산

		3	0	0
	×		7	0
2	1	0	0	0

➡ 3×7의 값에 0을 3개 붙입니다.

조심이: 0이 많다고 헷갈려서 더 많이 쓰면 안 돼!

빈칸에 알맞은 수를 써넣으세요.

1

		2	0	0
	×		6	0
		0	0	0

2

		4	0	0
	×		4	0
		0	0	0

3

		5	0	0
	×		4	0
		0	0	0

4

		7	0	0
	×		4	0
		0	0	0

5

		2	0	0
	×		7	0
		0	0	0

6

		3	0	0
	×		8	0
		0	0	0

7

		6	0	0
	×		6	0
		0	0	0

8

		8	0	0
	×		3	0
		0	0	0

9

		5	0	0
	×		9	0
		0	0	0

10

		7	0	0
	×		3	0
		0	0	0

11

	4	0	0
×		2	0
	0	0	0

12

	3	0	0
×		3	0
	0	0	0

13

		3	0	0
	×		6	0
		0	0	0

14

		5	0	0
	×		5	0
		0	0	0

15

		6	0	0
	×		4	0
		0	0	0

16

		7	0	0
	×		8	0
		0	0	0

17

		2	0	0
	×		5	0
		0	0	0

18

		9	0	0
	×		3	0
		0	0	0

19

		8	0	0
	×		5	0
		0	0	0

20

		4	0	0
	×		3	0
		0	0	0

21

		7	0	0
	×		5	0
		0	0	0

22

		8	0	0
	×		9	0
		0	0	0

23

		5	0	0
	×		3	0
		0	0	0

24

		8	0	0
	×		6	0
		0	0	0

❶ (몇백)×(몇십)

:: 계산을 하세요.

1

	3	0	0
×		1	0

2

	2	0	0
×		2	0

3

		4	0	0
	×		8	0

4

		9	0	0
	×		2	0

5

		6	0	0
	×		9	0

6

		8	0	0
	×		4	0

7

		5	0	0
	×		8	0

8

		2	0	0
	×		8	0

9

		3	0	0
	×		5	0

10

		6	0	0
	×		8	0

11

		7	0	0
	×		6	0

12

		9	0	0
	×		4	0

13

		4	0	0
	×		6	0

14

		8	0	0
	×		8	0

정답 ➔ 7쪽

월 일	분	개
학습 날짜	학습 시간	맞힌 개수

15 200×30

16 500×70

17 900×50

18 500×60

19 700×20

20 400×90

21 600×70

22 700×70

23 30×600

24 20×800

25 50×600

26 90×200

실력 up

27 저금통에 50원짜리 동전이 400개 있습니다. 저금통에 있는 돈은 모두 얼마인지 구하세요.

$50 \times 400 = \square$

답 ____________

적용 ❶ (몇백)×(몇십)

빈 곳에 알맞은 수를 써넣으세요.

1

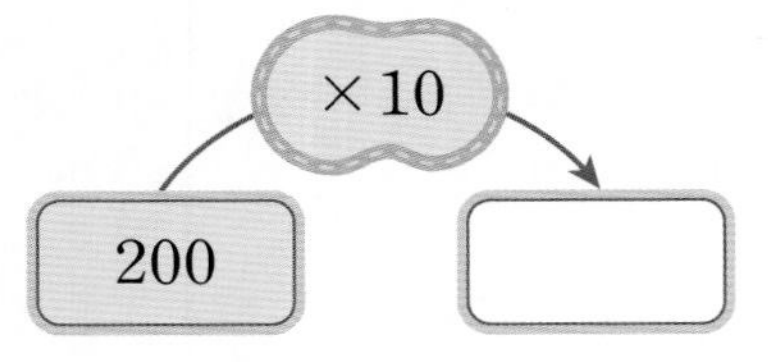

2

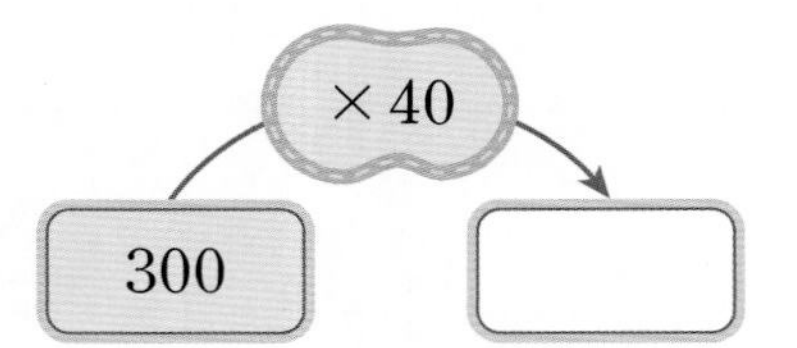

3

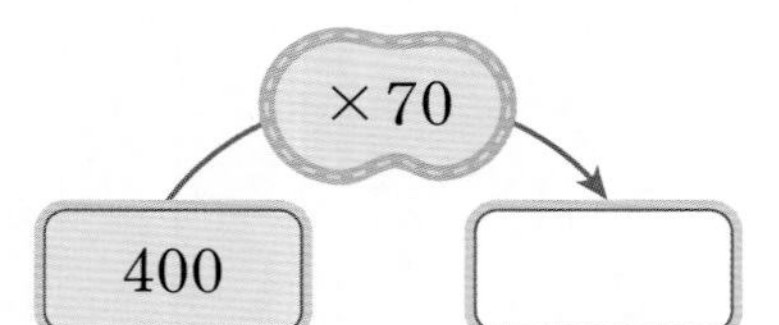

4

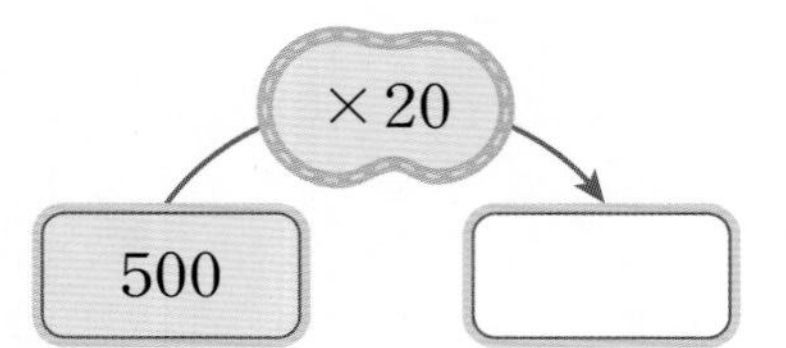

5

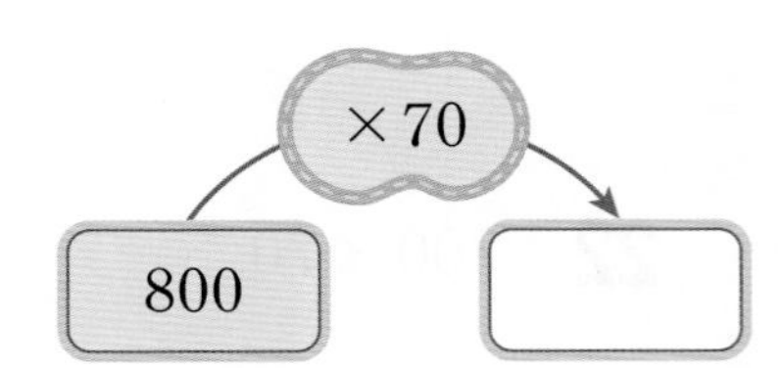

6

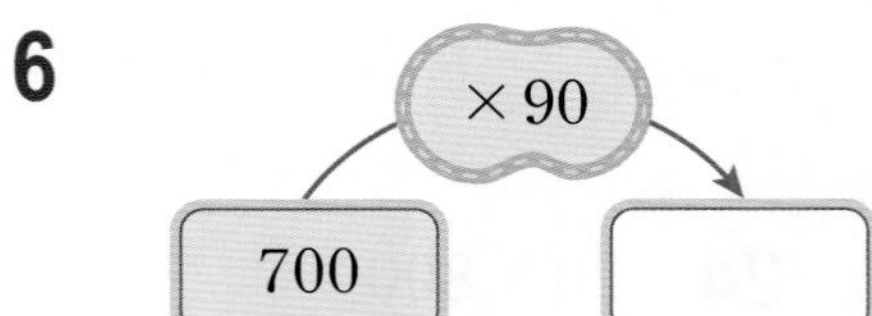

7

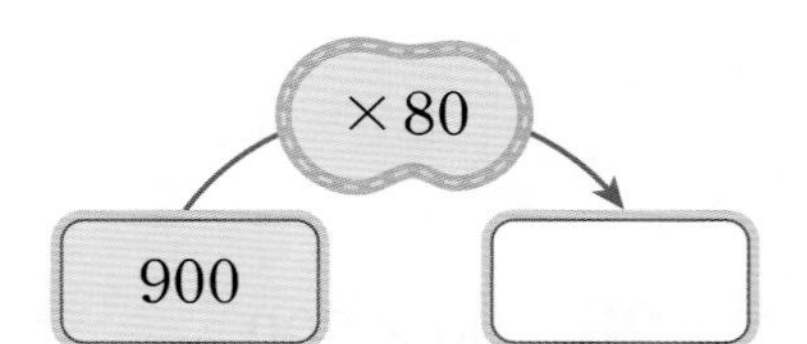

8

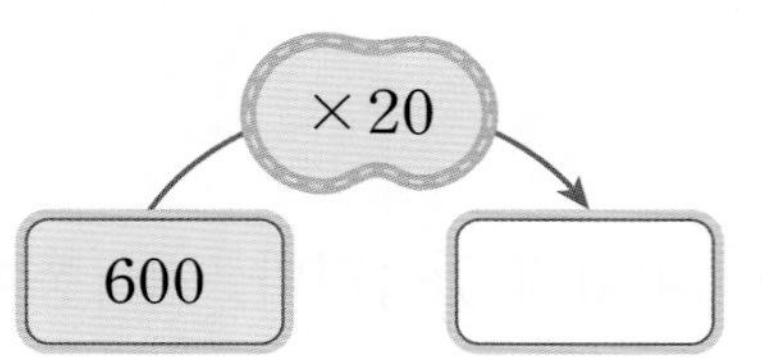

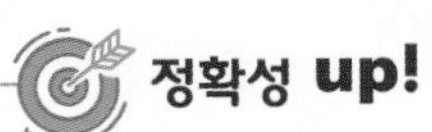

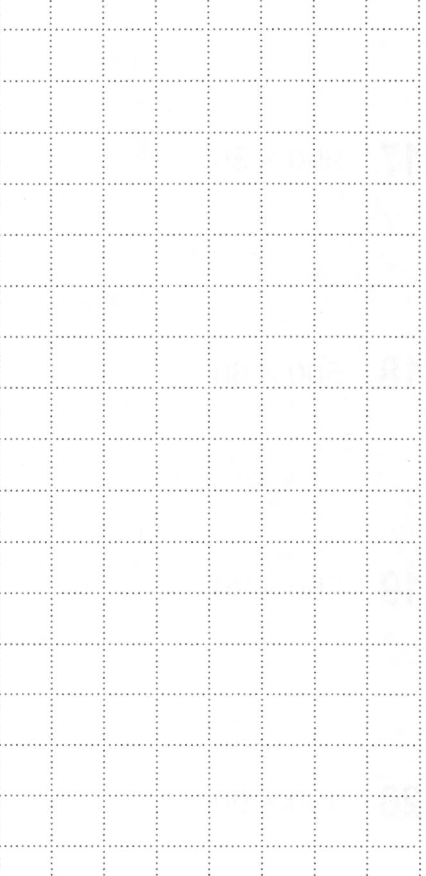

빈 곳에 두 수의 곱을 써넣으세요.

9

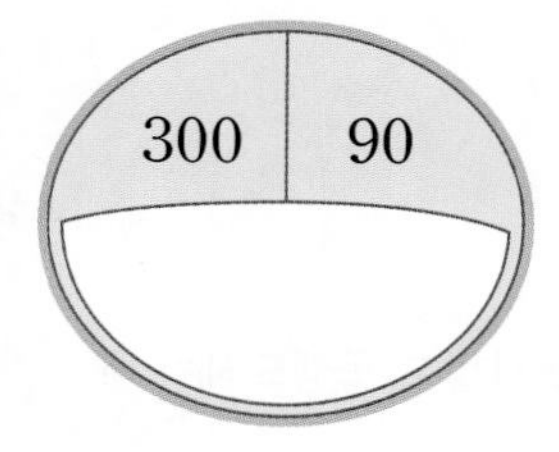

10

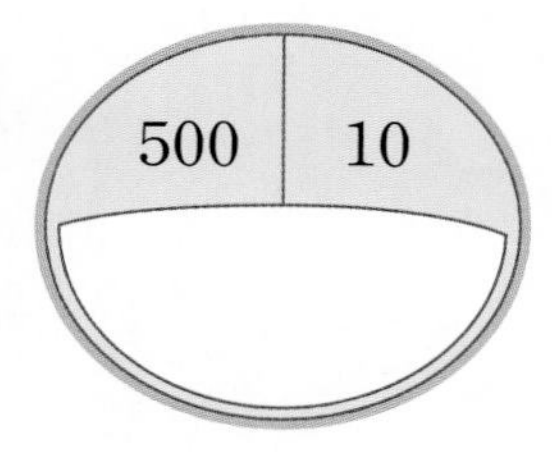

11

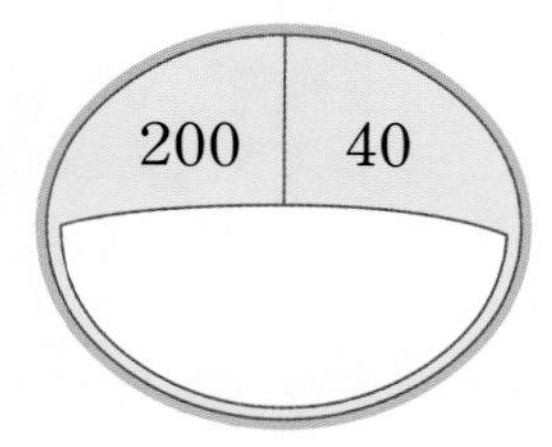

12

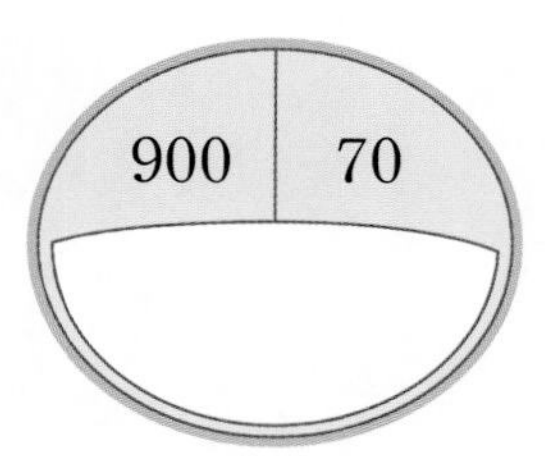

13

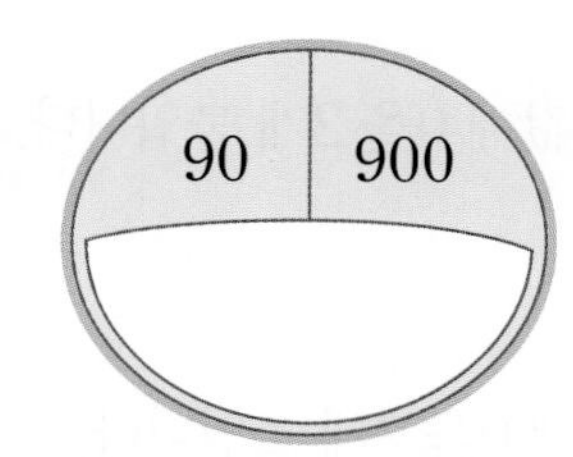

14

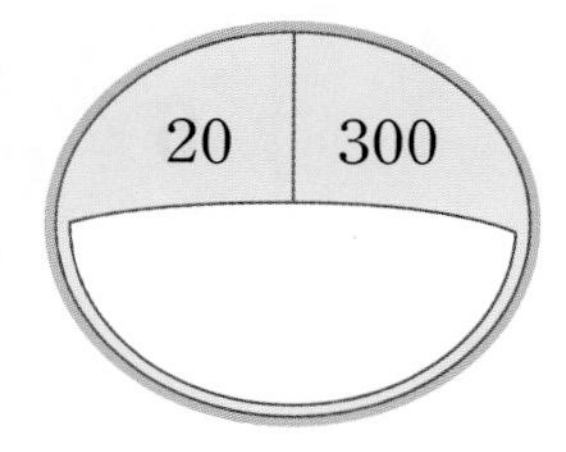

15

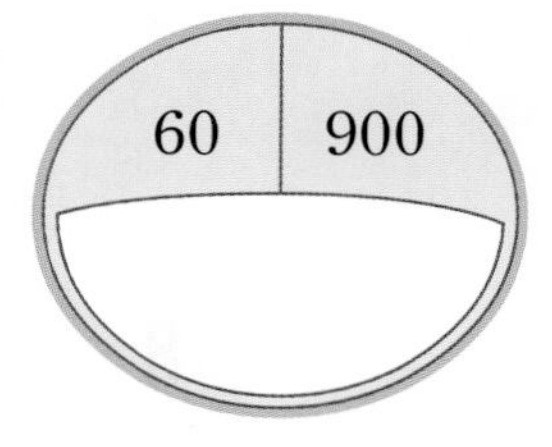

16

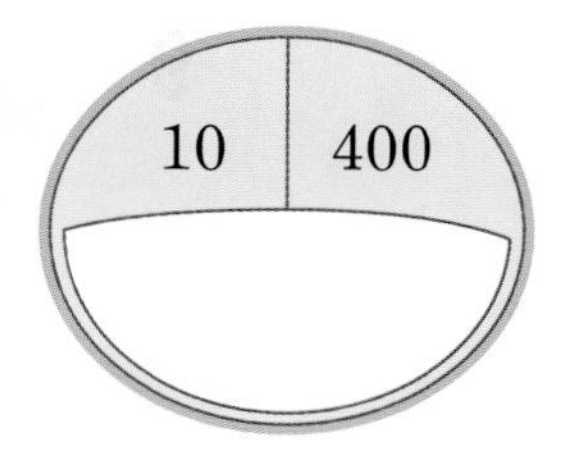

정확성 up!

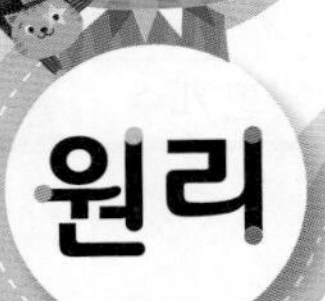

원리 ❷ (몇백몇십)×(몇십)

(몇백몇십)×(몇십)의 계산 방법

(몇백몇십)×(몇십)은 (몇십몇)×(몇)의 값에 0을 2개 붙입니다.

예 310×20의 계산

	3	1	0
×		2	0
6	2	0	0

➡ 31×2의 값에 0을 2개 붙입니다.

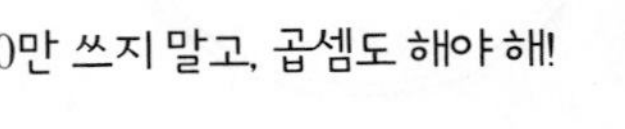

0만 쓰지 말고, 곱셈도 해야 해!

빈칸에 알맞은 수를 써넣으세요.

1

	2	2	0
×		4	0
		0	0

2

		4	1	0
	×		3	0
			0	0

3

		5	2	0
	×		4	0
			0	0

4

		7	3	0
	×		2	0
			0	0

5

	1	6	0
×		3	0
		0	0

6

	3	7	0
×		2	0
		0	0

7

	1	4	0
×		7	0
		0	0

8

		8	4	0
	×		3	0
			0	0

9

		5	2	0
	×		9	0
			0	0

10

	2	3	0
×		3	0
		0	0

11

	4	3	0
×		2	0
		0	0

12

	3	2	0
×		3	0
		0	0

13

		4	2	0
	×		4	0
			0	0

14

		5	1	0
	×		6	0
			0	0

15

		6	3	0
	×		3	0
			0	0

16

		2	5	0
	×		4	0
			0	0

17

		3	3	0
	×		4	0
			0	0

18

	4	6	0
×		2	0
		0	0

19

		8	2	0
	×		5	0
			0	0

20

		4	8	0
	×		8	0
			0	0

21

		7	6	0
	×		9	0
			0	0

22

		9	3	0
	×		7	0
			0	0

23

	1	5	0
×		5	0
		0	0

24

		6	4	0
	×		4	0
			0	0

❷ (몇백몇십)×(몇십)

계산을 하세요.

1

	1	8	0
×		4	0

2

	2	4	0
×		3	0

3

		9	2	0
	×		2	0

4

		6	1	0
	×		9	0

5

		4	4	0
	×		8	0

6

		8	3	0
	×		4	0

7

		5	6	0
	×		8	0

8

		2	9	0
	×		7	0

9

		3	8	0
	×		8	0

10

		6	6	0
	×		5	0

11

		7	5	0
	×		9	0

12

		9	6	0
	×		2	0

13

		4	7	0
	×		6	0

14

		8	4	0
	×		8	0

15 270×30

16 330×60

17 760×30

18 570×60

19 790×20

20 450×90

21 680×70

22 470×70

23 690×30

24 890×20

25 640×50

26 280×90

정확성 up!

27 윤희는 450원짜리 아이스크림을 50개 샀습니다. 아이스크림의 가격은 모두 얼마인지 구하세요.

$450 \times 50 = \square$

답 ____________

적용 ❷ (몇백몇십)×(몇십)

:: □ 안에 알맞은 수를 써넣으세요.

1

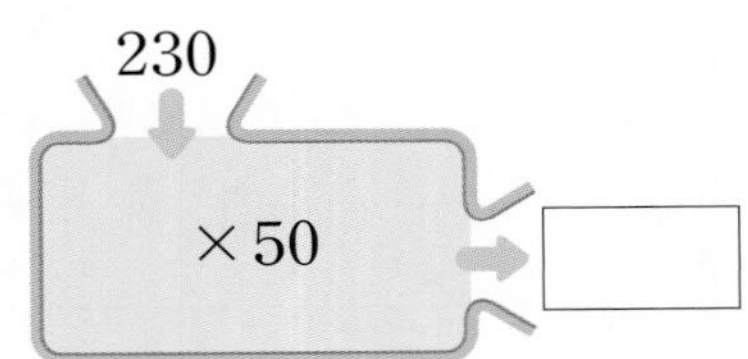

2

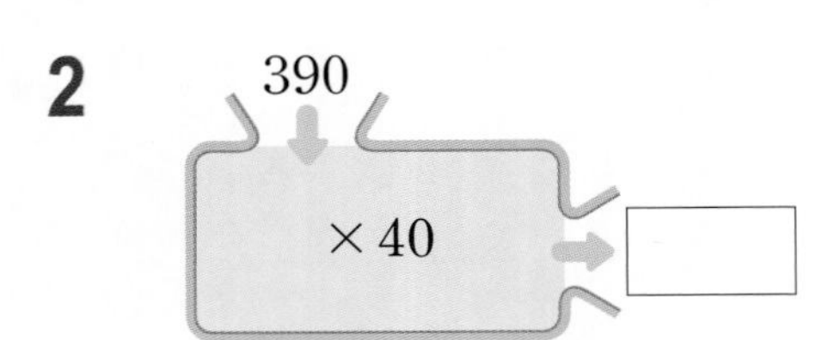

3

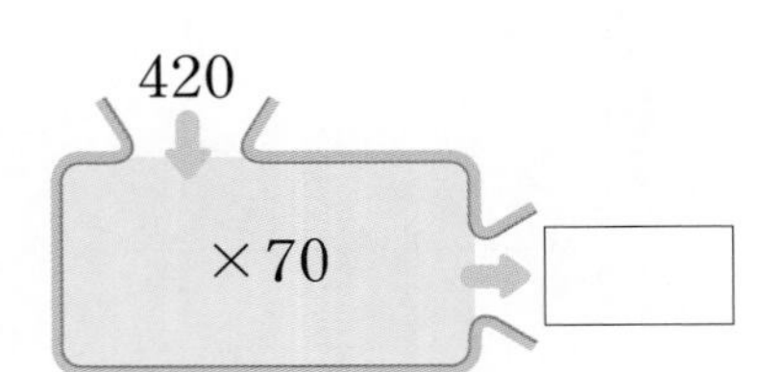

4

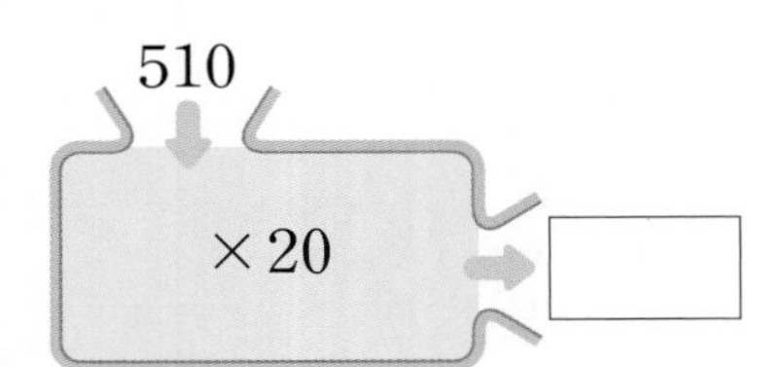

5

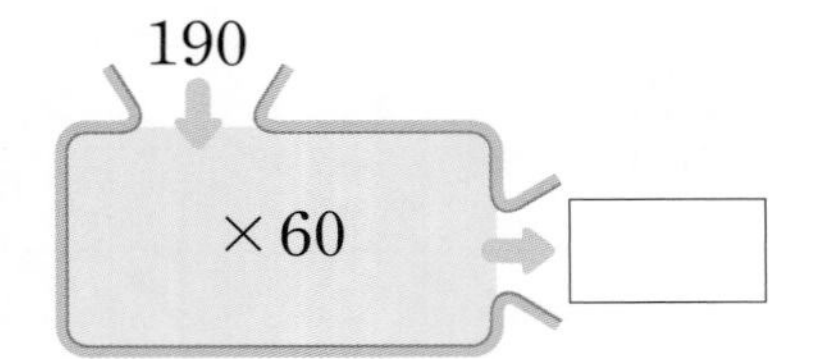

6

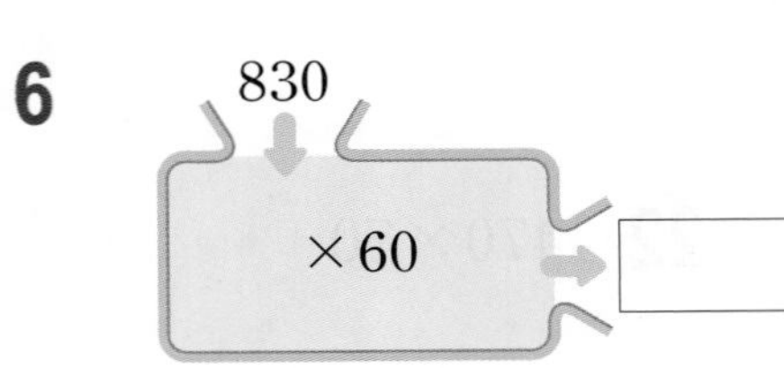

7

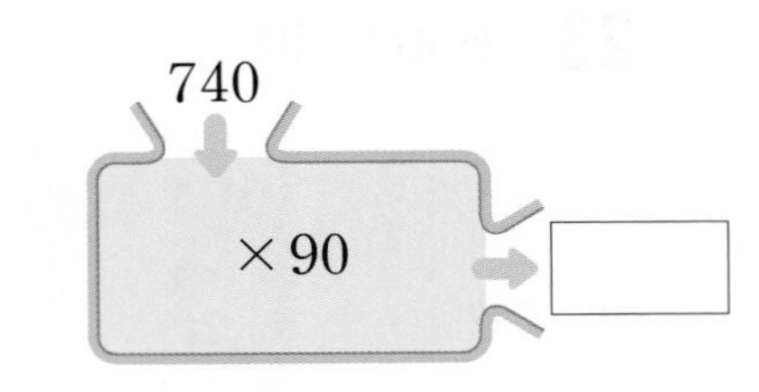

8

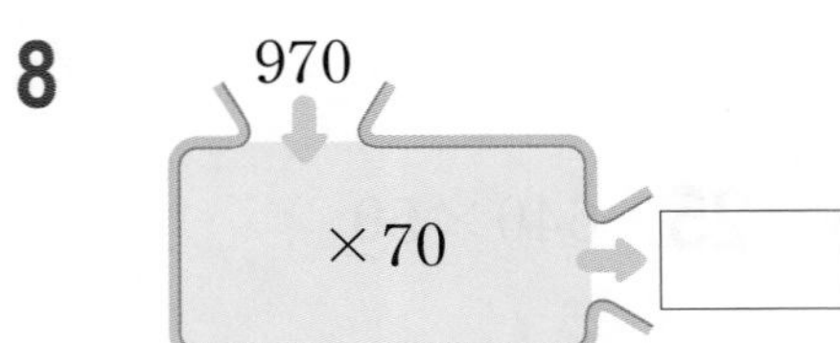

9

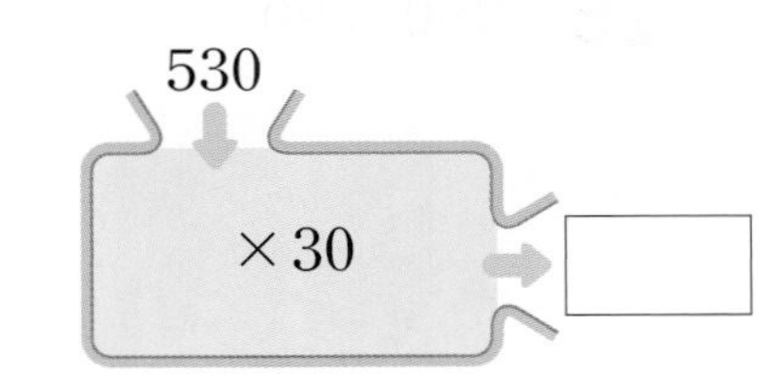

10

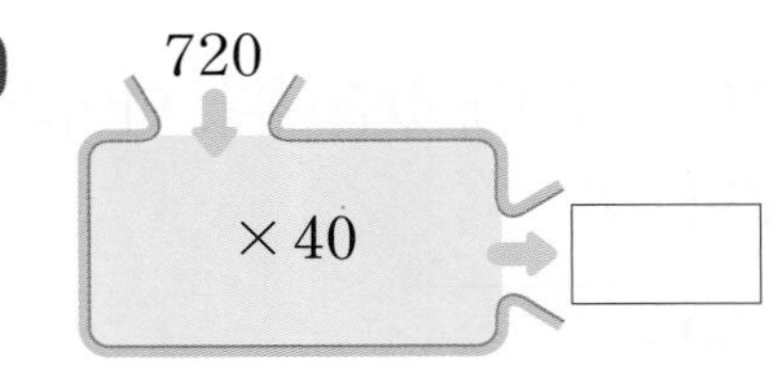

정확성 **up!**

:: 빈 곳에 두 수의 곱을 써넣으세요.

11
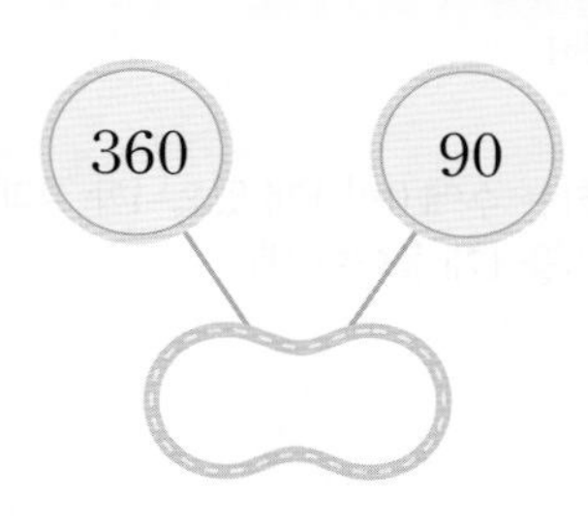

12
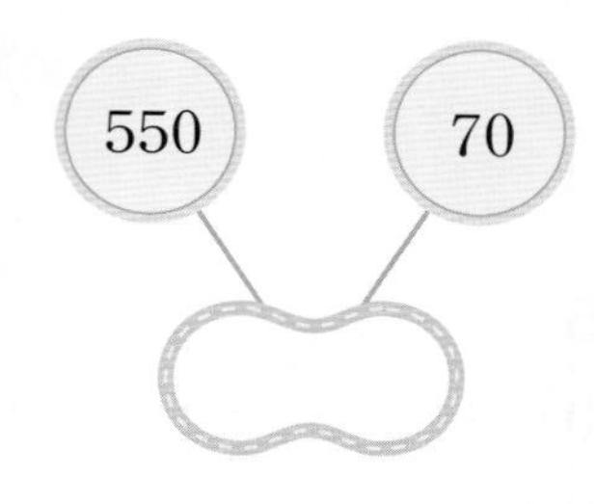

13 870, 60

14
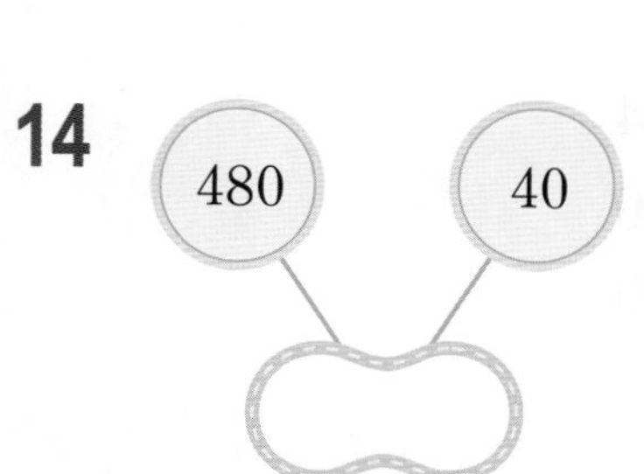

15
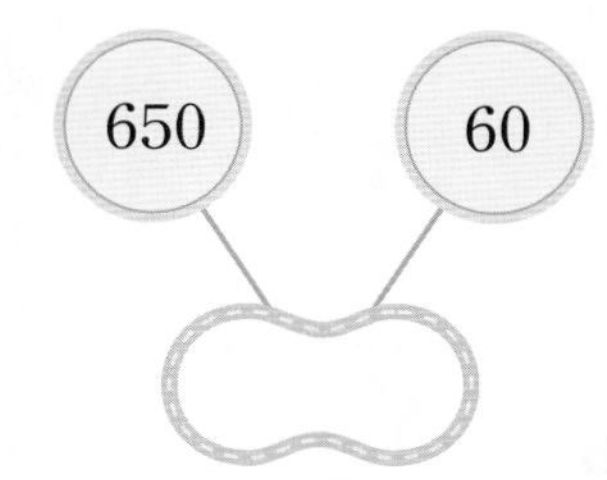

16
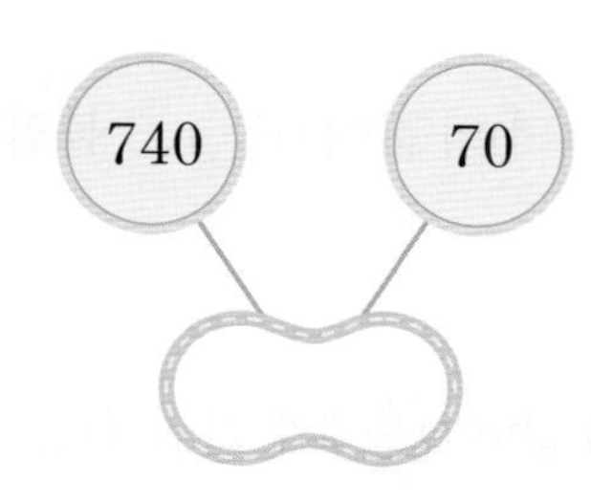

17
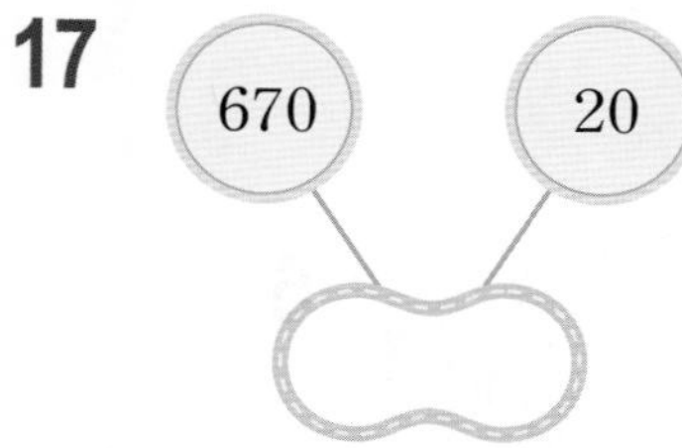

18
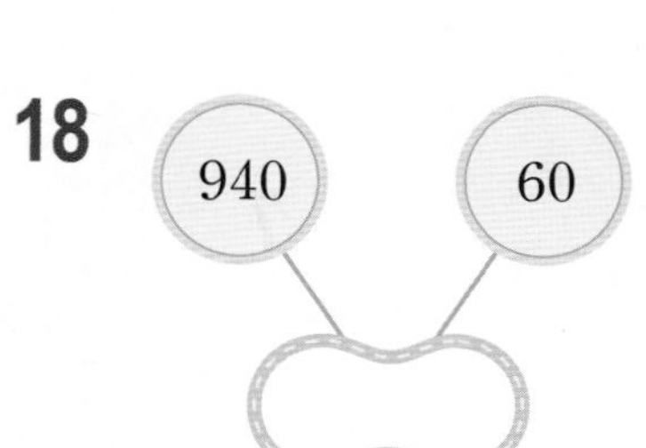

19
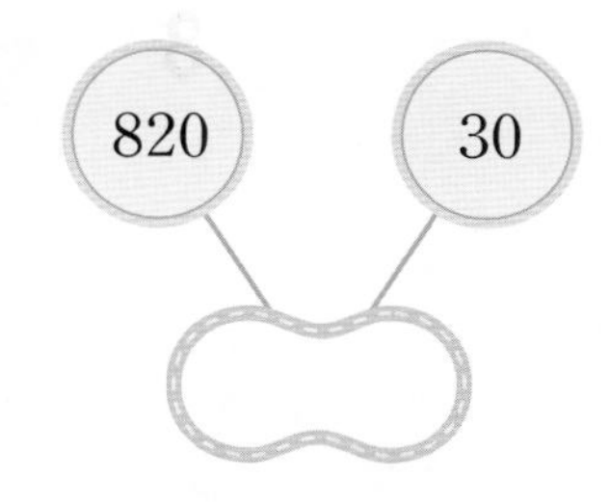

20
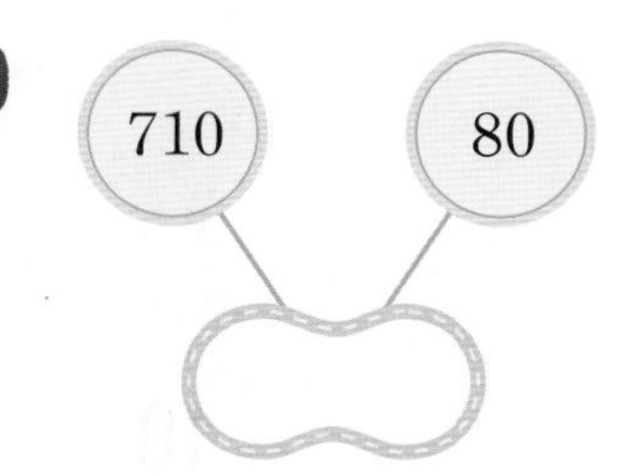

③ (세 자리 수)×(몇십)

○ (세 자리 수)×(몇십)의 계산 방법

(세 자리 수)×(몇십)은 (세 자리 수)×(몇)의 값에 0을 1개 붙입니다.

예 324×30의 계산

	3	2	4
×		3	0
9	7	2	0

➡ 324×3의 값에 0을 1개 붙입니다.

뿜뿜이: 곱하는 수에 0이 1개 있으니까 결과에 도 0을 1개 붙여야 해!

빈칸에 알맞은 수를 써넣으세요.

1

	2	1	3
×		2	0
			0

2

		4	2	1
	×		3	0
				0

3

		5	0	3
	×		4	0
				0

4

		7	2	2
	×		4	0
				0

5

	1	4	5
×		3	0
			0

6

		3	0	5
	×		8	0
				0

7

		6	1	3
	×		6	0
				0

8

		8	2	4
	×		3	0
				0

9

		5	4	7
	×		9	0
				0

10

		2	5	6
	×		4	0
				0

11

	4	1	6
×		2	0
			0

12

	3	0	8
×		3	0
			0

13

		3	1	1
	×		7	0
				0

14

		5	2	4
	×		5	0
				0

15

		6	3	2
	×		4	0
				0

16

		9	2	5
	×		3	0
				0

17

		1	7	3
	×		6	0
				0

18

		8	4	6
	×		5	0
				0

19

		4	4	9
	×		3	0
				0

20

		7	5	3
	×		5	0
				0

21

		8	2	9
	×		9	0
				0

22

	1	1	8
×		2	0
			0

23

		6	4	5
	×		3	0
				0

24

		7	0	4
	×		3	0
				0

❸ (세 자리 수)×(몇십)

계산을 하세요.

1

	3	7	4
×		1	0

2

	2	4	4
×		2	0

3

		4	0	4
	×		8	0

4

		9	3	2
	×		2	0

5

		6	1	3
	×		9	0

6

		8	4	2
	×		4	0

7

		5	3	2
	×		8	0

8

		2	9	8
	×		8	0

9

		3	7	7
	×		5	0

10

		6	2	9
	×		8	0

11

		7	7	2
	×		6	0

12

		9	5	4
	×		4	0

13

		4	9	3
	×		6	0

14

		8	2	6
	×		8	0

15 251×30

16 633×30

17 765×30

18 518×60

19 798×20

20 447×90

21 625×70

22 482×70

23 323×60

24 887×20

25 692×50

26 276×90

정확성 up!

실력 up

27 1년을 365일이라고 하면 20년은 모두 며칠인지 구하세요.

$365 \times 20 = \square$

답

❸ (세 자리 수)×(몇십)

∷ 빈 곳에 알맞은 수를 써넣으세요.

1

221 | ×50 | ☐

2

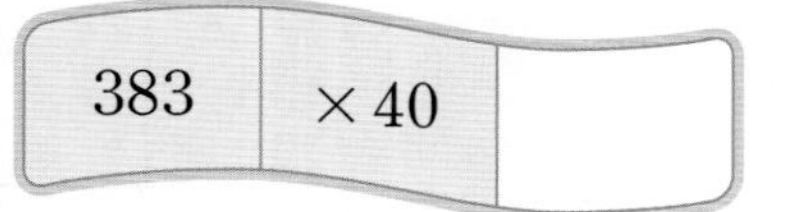

3

4

268 | ×30 | ☐

5

6

7

777 | ×90 | ☐

8

953 | ×70 | ☐

9

652 | ×50 | ☐

10

358 | ×60 | ☐

정확성 up!

:: □ 안에 알맞은 수를 써넣으세요.

11

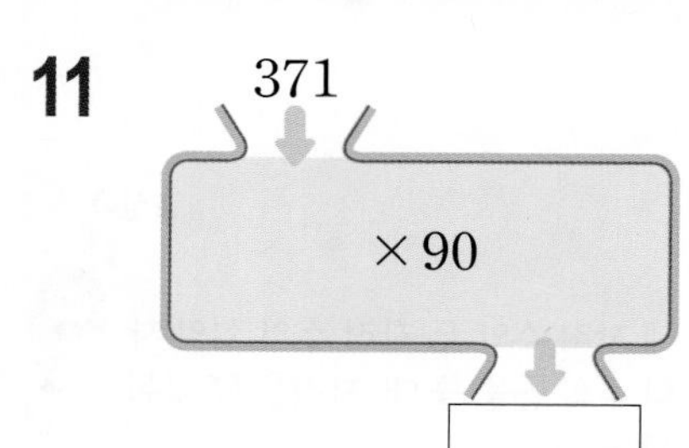

12

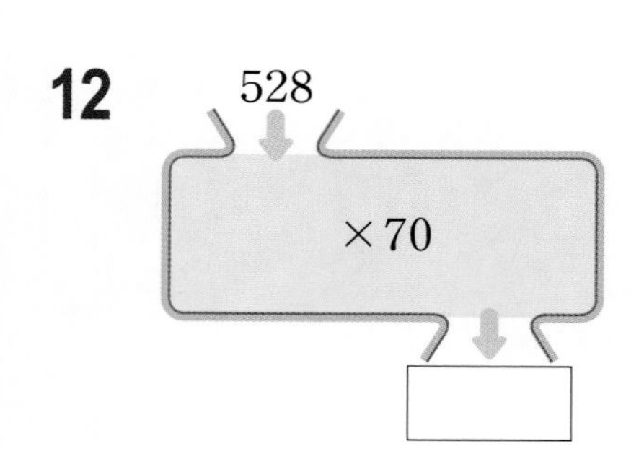

13

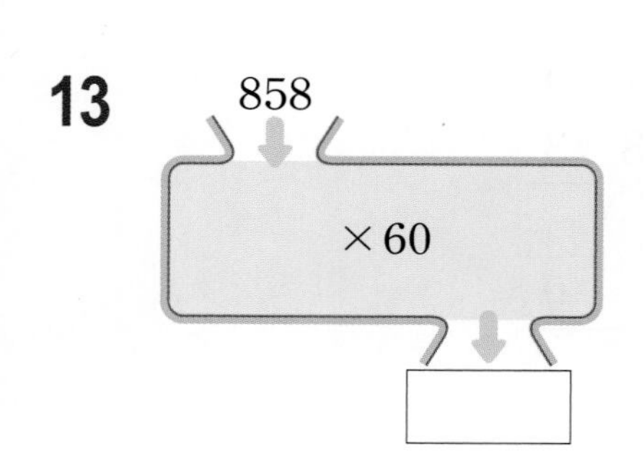

14

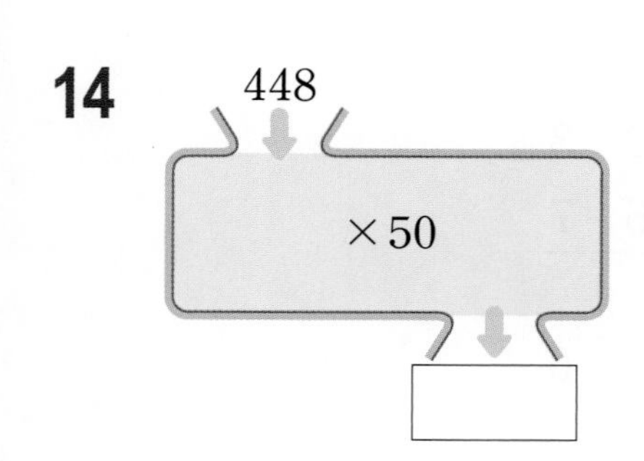

15

556

×30

□

16

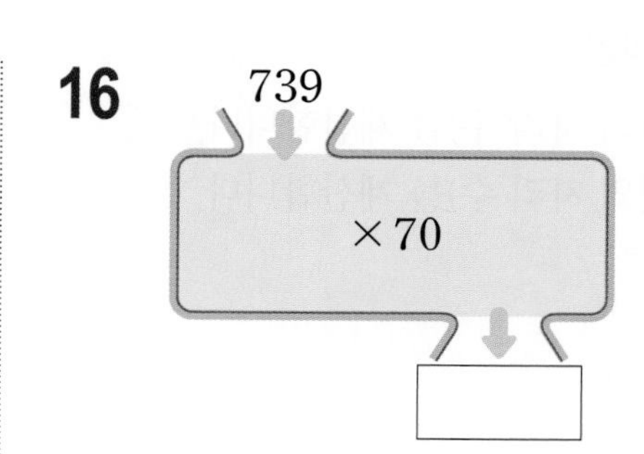

17

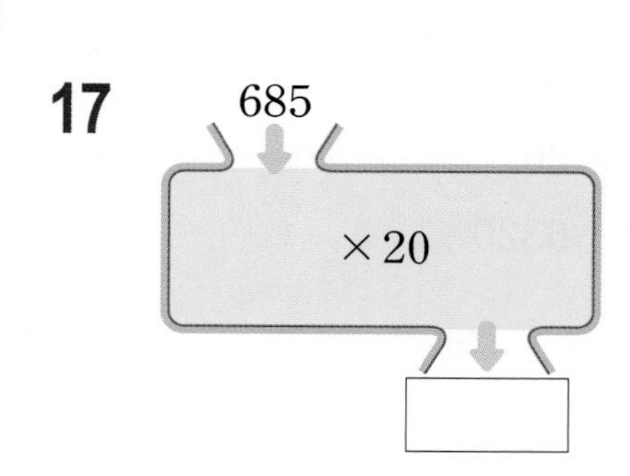

18

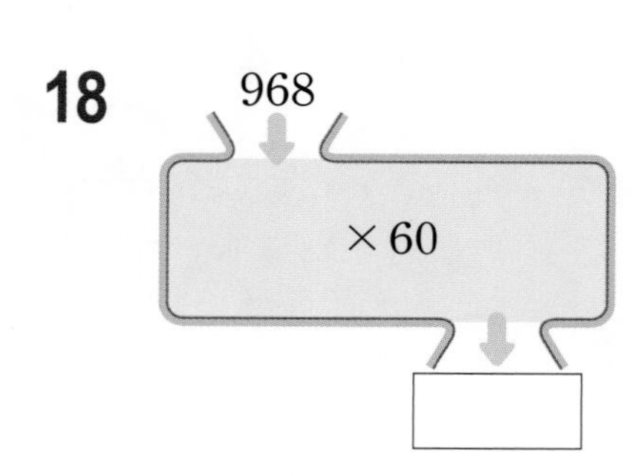

19

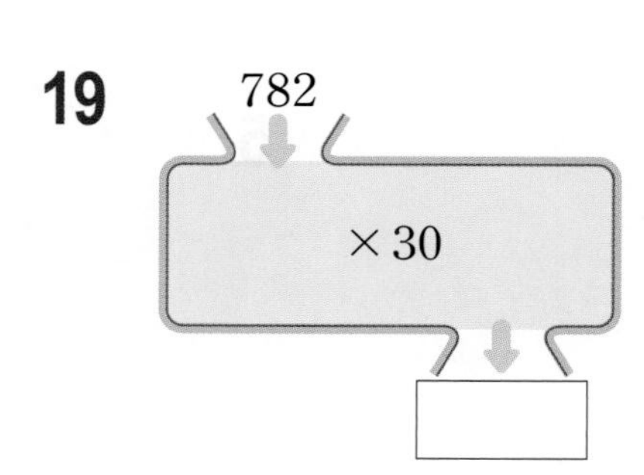

20

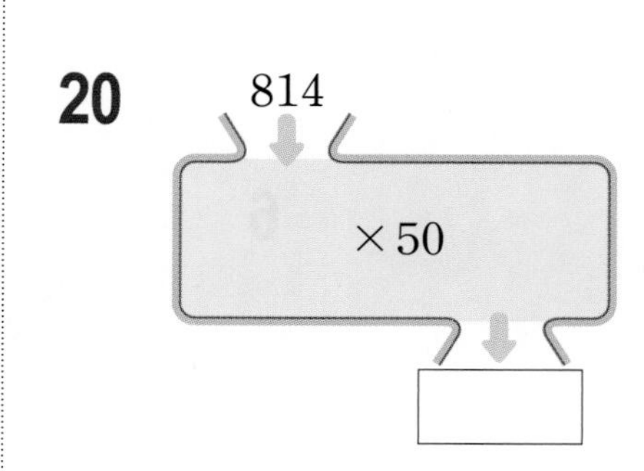

정확성 up!

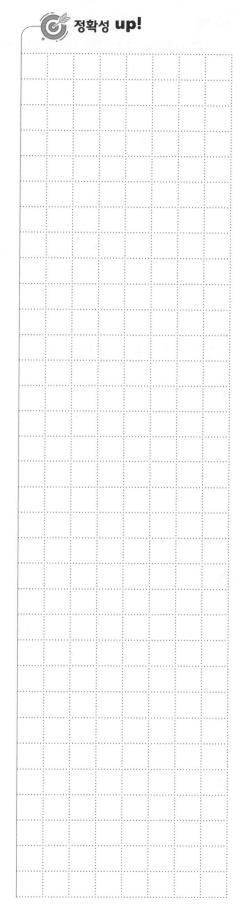

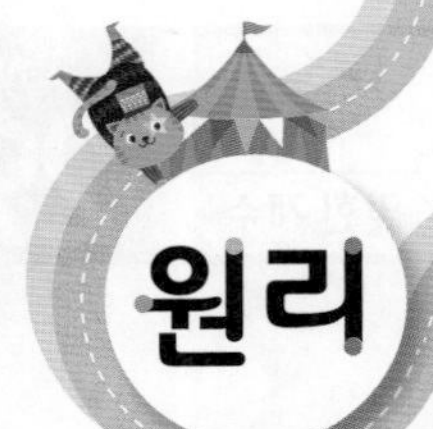

❹ (세 자리 수)×(두 자리 수)

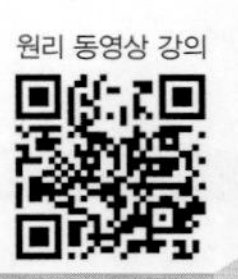

(세 자리 수)×(두 자리 수)의 계산 방법

① (세 자리 수)×(두 자리 수의 일의 자리 수)를 계산합니다.
② (세 자리 수)×(두 자리 수의 십의 자리 수)를 계산합니다.
③ 위의 두 계산 결과를 더합니다.

예 316×23의 계산

	3	1	6	
×		2	3	
	9	4	8	← ① 316×3
6	3	2	0	← ② 316×20
7	2	6	8	← ③ 948+6320

조심이

세 자리 수와 두 자리 수의 십의 자리 수의 곱을 쓸 때, 자리를 잘 맞춰 써야 해!

빈칸에 알맞은 수를 써넣으세요.

1

	2	4	3
×		3	1
			0

2

	4	1	2
×		2	2
			0

3

		5	1	2
	×		4	4
				0

4

		3	1	5
	×		8	3
				0

5

		6	2	3
	×		6	7
				0

6

		8	2	6
	×		5	7
				0

7

	4	3	5
×		1	9
			0

8

		3	2	5
	×		3	8
				0

9

		6	5	4
	×		4	2
				0

10

		1	4	9
	×		7	7
				0

11

		5	3	5
	×		2	3
				0

12

		9	2	5
	×		3	2
				0

13

		8	7	5
	×		5	3
				0

14

		4	4	9
	×		4	6
				0

15

		7	5	3
	×		6	8
				0

16

	1	2	1
×		2	5
			0

❹ (세 자리 수)×(두 자리 수)

계산을 하세요.

1
$$\begin{array}{r} 366 \\ \times \quad 17 \\ \hline \end{array}$$

2
$$\begin{array}{r} 257 \\ \times \quad 29 \\ \hline \end{array}$$

3
$$\begin{array}{r} 453 \\ \times \quad 88 \\ \hline \end{array}$$

4
$$\begin{array}{r} 638 \\ \times \quad 91 \\ \hline \end{array}$$

5
$$\begin{array}{r} 832 \\ \times \quad 46 \\ \hline \end{array}$$

6
$$\begin{array}{r} 528 \\ \times \quad 73 \\ \hline \end{array}$$

7
$$\begin{array}{r} 282 \\ \times \quad 89 \\ \hline \end{array}$$

8
$$\begin{array}{r} 354 \\ \times \quad 56 \\ \hline \end{array}$$

9
$$\begin{array}{r} 734 \\ \times \quad 69 \\ \hline \end{array}$$

10
$$\begin{array}{r} 946 \\ \times \quad 43 \\ \hline \end{array}$$

11
$$\begin{array}{r} 468 \\ \times \quad 77 \\ \hline \end{array}$$

12
$$\begin{array}{r} 836 \\ \times \quad 39 \\ \hline \end{array}$$

13
$$\begin{array}{r} 542 \\ \times \quad 36 \\ \hline \end{array}$$

14
$$\begin{array}{r} 726 \\ \times \quad 25 \\ \hline \end{array}$$

15
$$\begin{array}{r} 342 \\ \times \quad 36 \\ \hline \end{array}$$

16 215×38

17 673×17

18 748×39

19 538×49

20 426×92

21 634×72

22 437×58

23 348×64

24 864×26

25 657×54

26 지연이는 하루에 줄넘기를 203번씩 12일 동안 했습니다. 줄넘기를 모두 몇 번 했는지 구하세요.

$203\times12=$ ☐

적용 ❹ (세 자리 수)×(두 자리 수)

빈 곳에 알맞은 수를 써넣으세요.

1

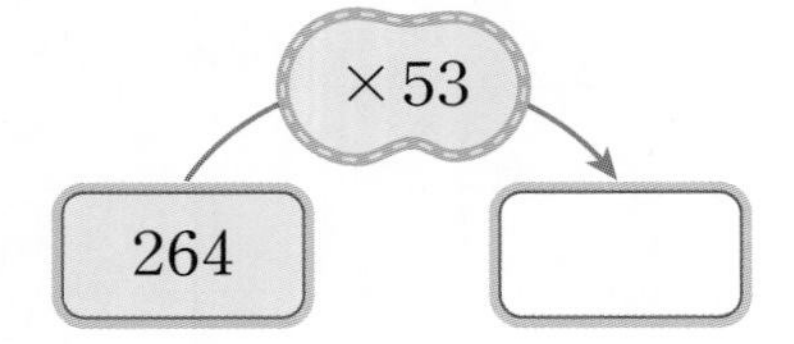

2

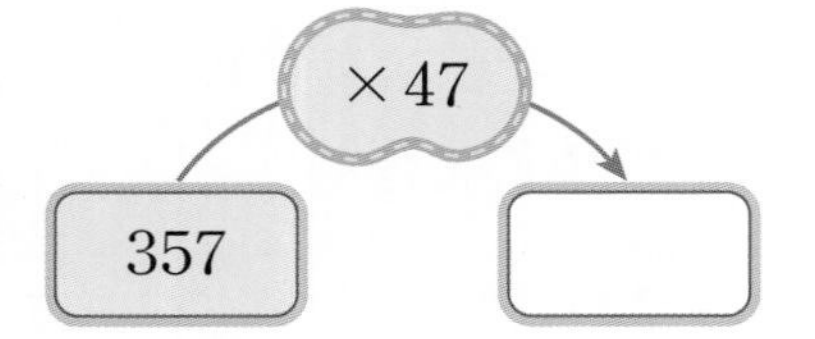

3

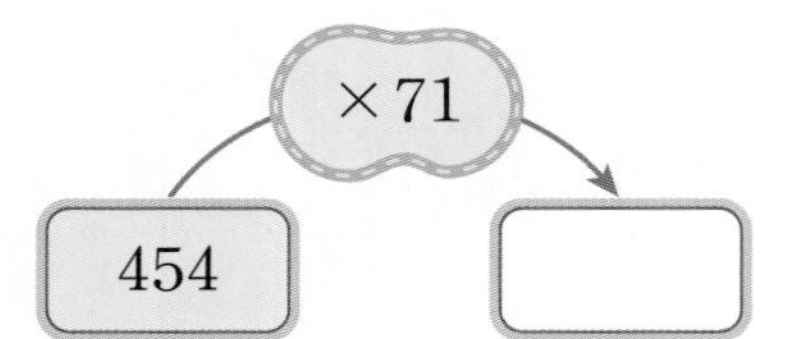

4

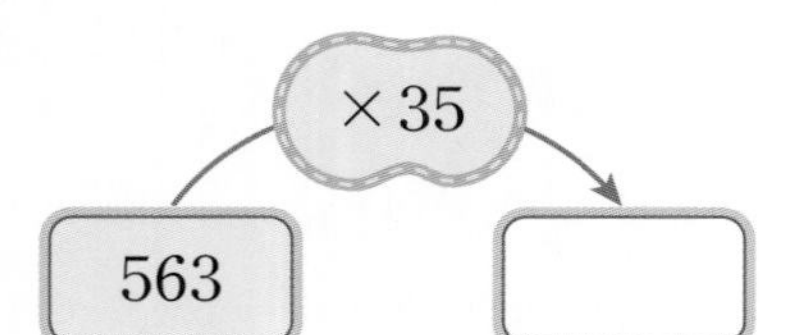

5

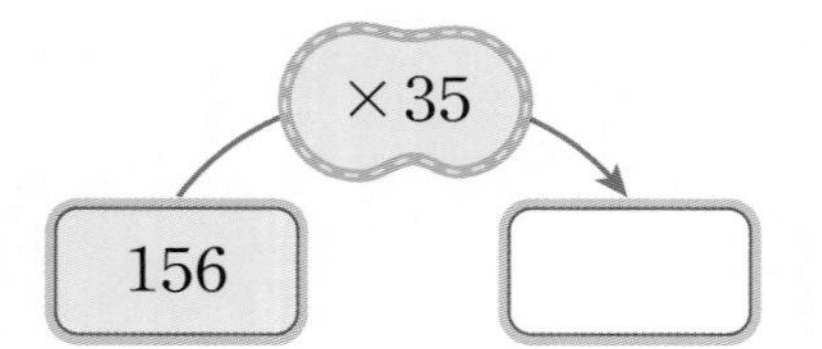

6

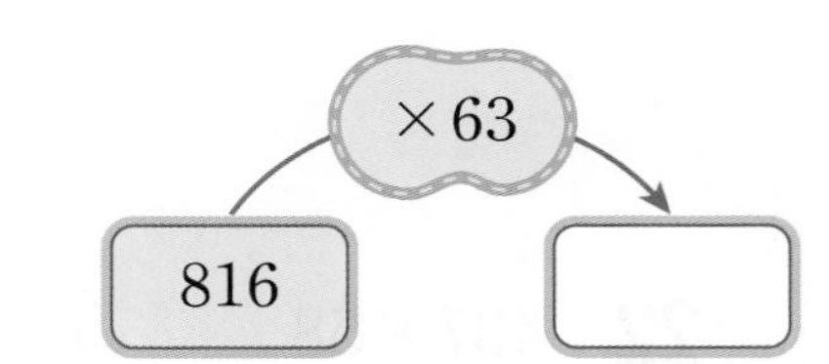

7

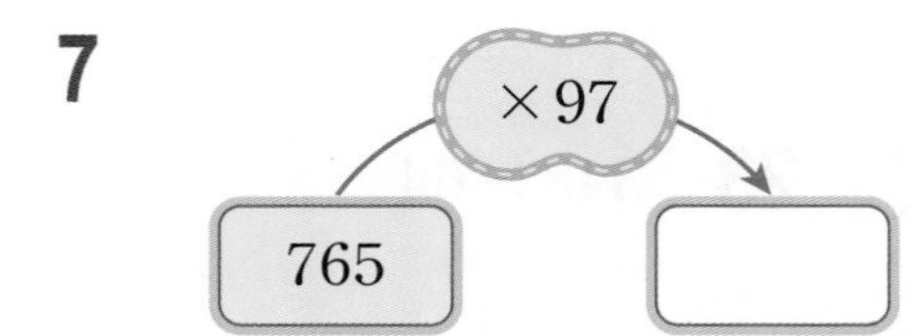

8

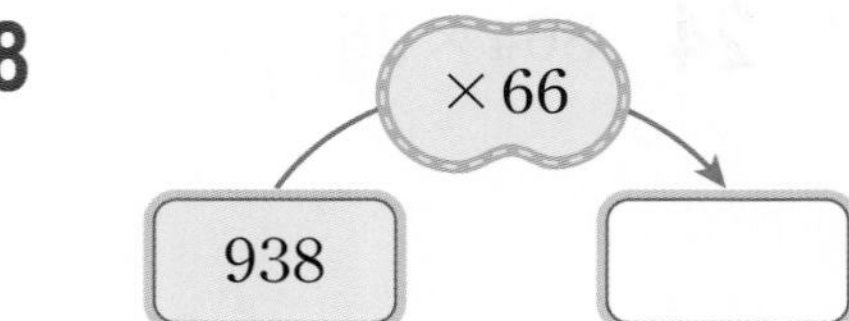

9

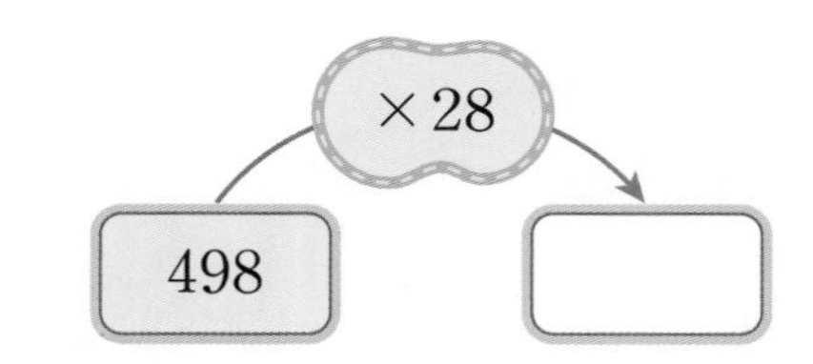

10

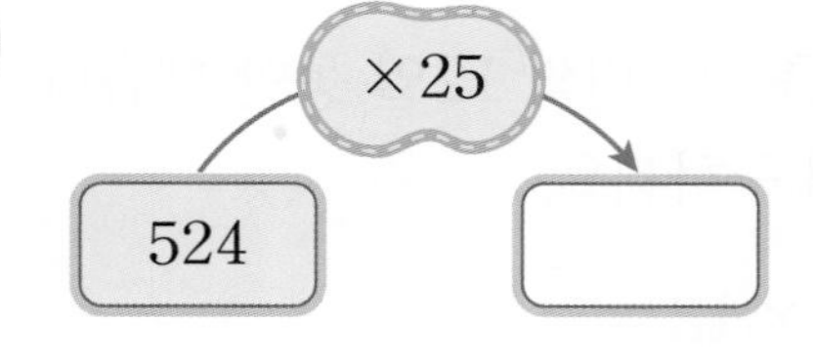

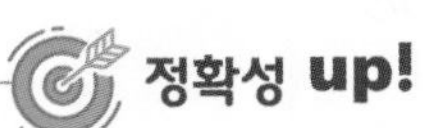

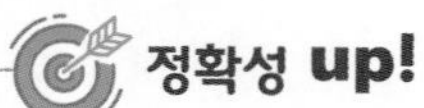

월 일	분	개
학습 날짜	학습 시간	맞힌 개수

빈 곳에 두 수의 곱을 써넣으세요.

11

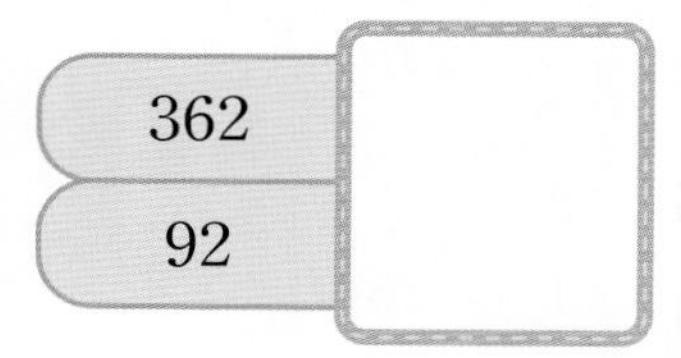

12

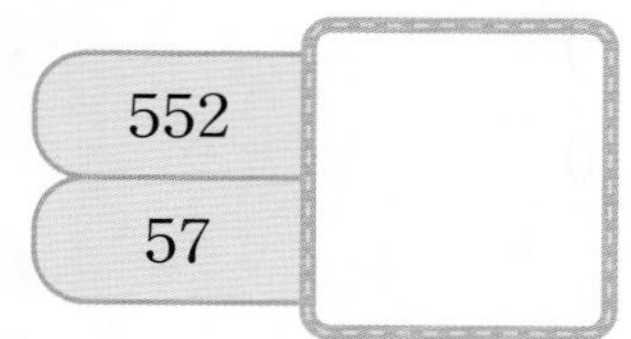

13

844
68

14

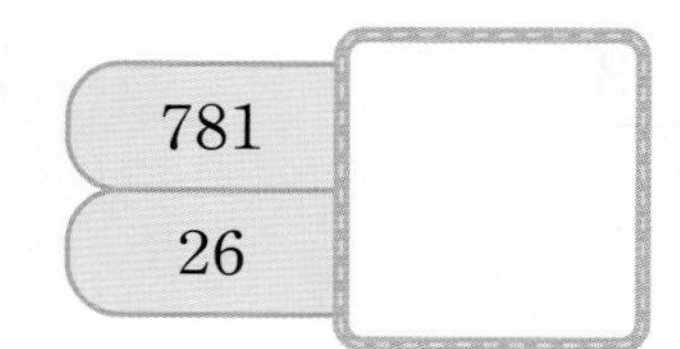

15

16

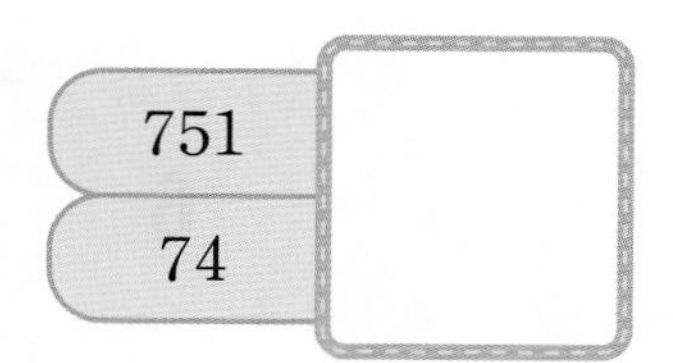

17

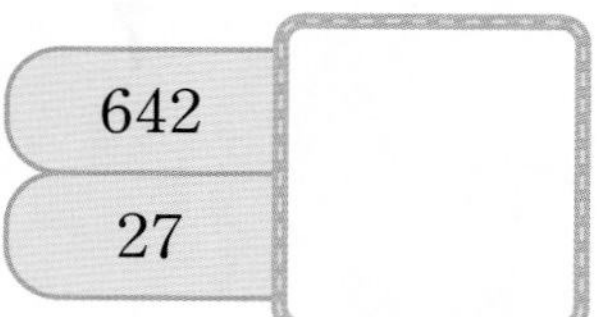
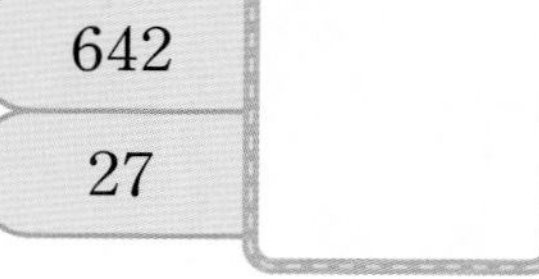

18

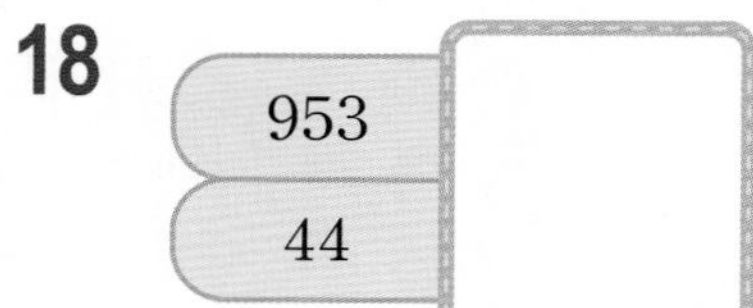

19

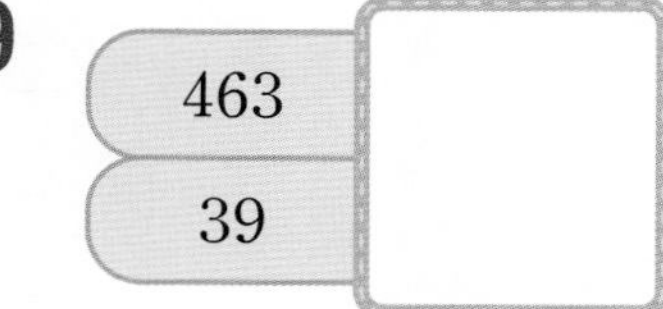

20

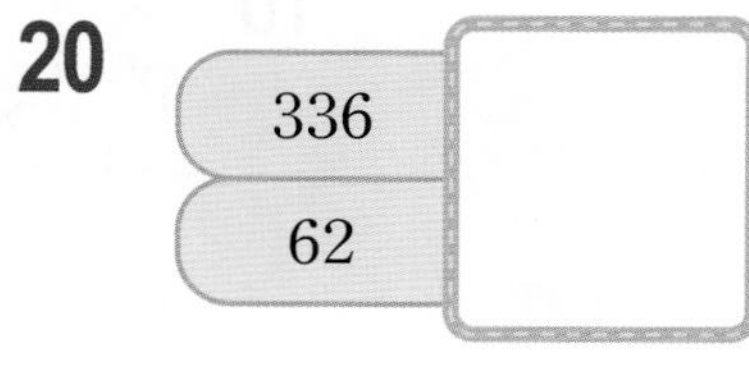

정확성 up!

3. 곱셈

계산을 하세요.

1

		8	0	0
	×		3	0

2

		7	0	0
	×		6	0

3

		6	4	0
	×		2	0

4

		3	5	0
	×		4	0

5

		5	6	0
	×		3	0

6

	1	0	6
×		8	0

7

		4	7	9
	×		7	0

8

		6	6	3
	×		2	7

9

		5	1	7
	×		8	3

10

		7	4	6
	×		9	3

11 200×70

12 400×40

13 80×900

14 50×400

15 290×90

16 420×30

17 370×70

18 508×40

19 299×90

20 873×40

21 619×35

22 568×26

23 852×49

24 717×28

빈 곳에 알맞은 수를 써넣으세요.

25

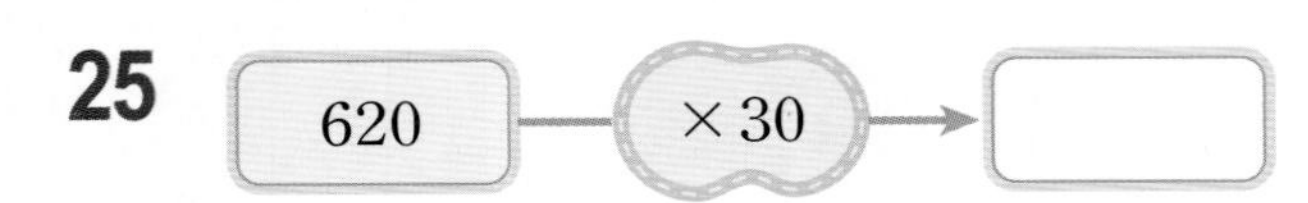

26

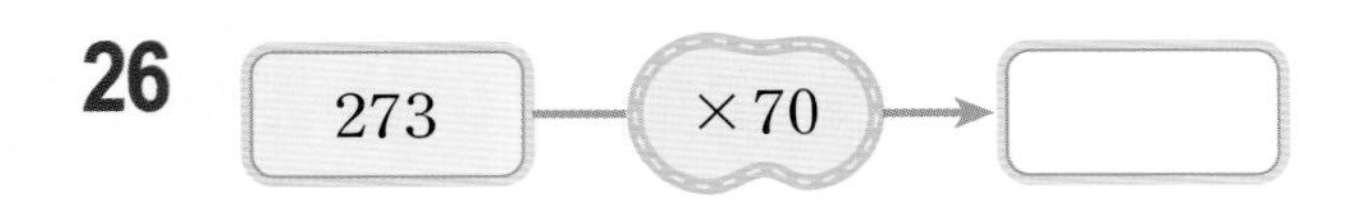

27

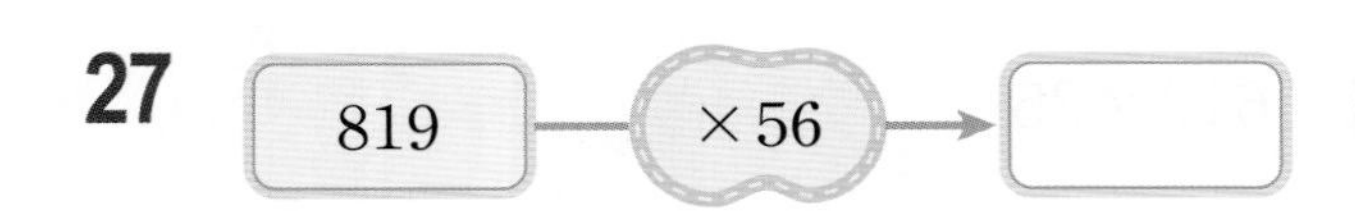

28

29

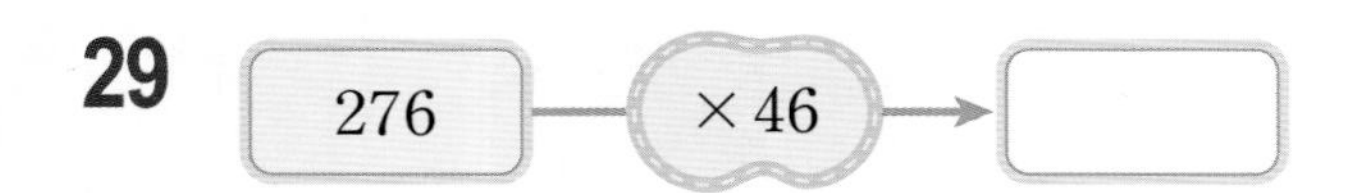

□ 안에 알맞은 수를 써넣으세요.

30

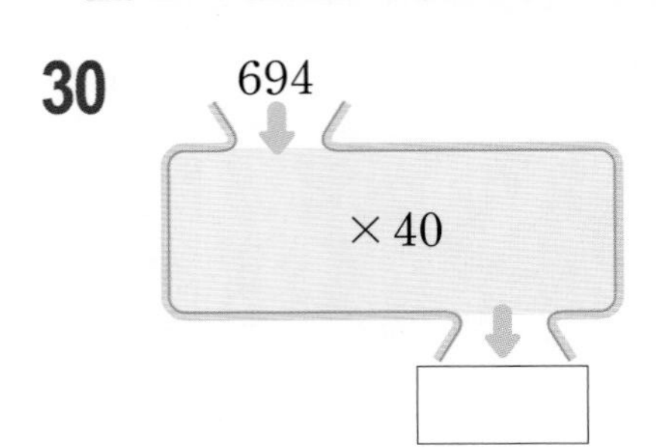

31

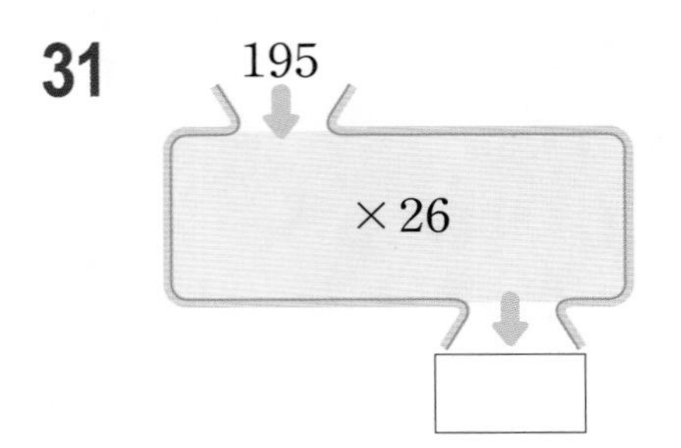

32

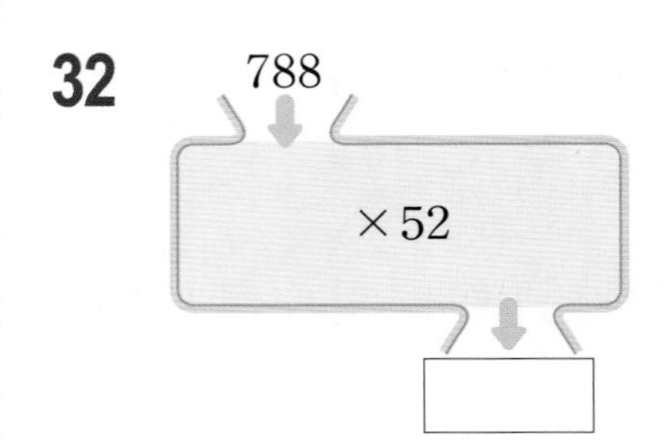

33

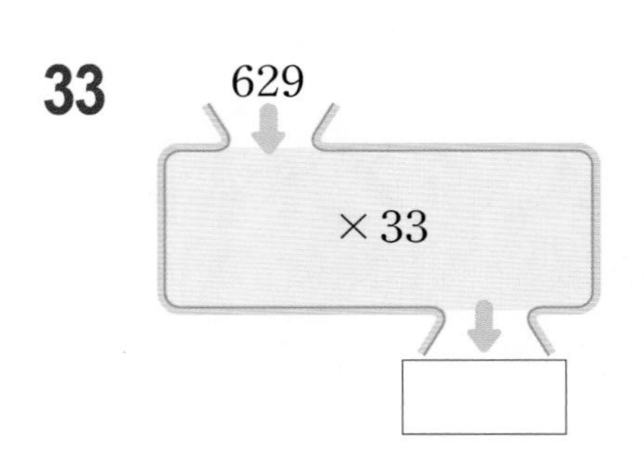

34

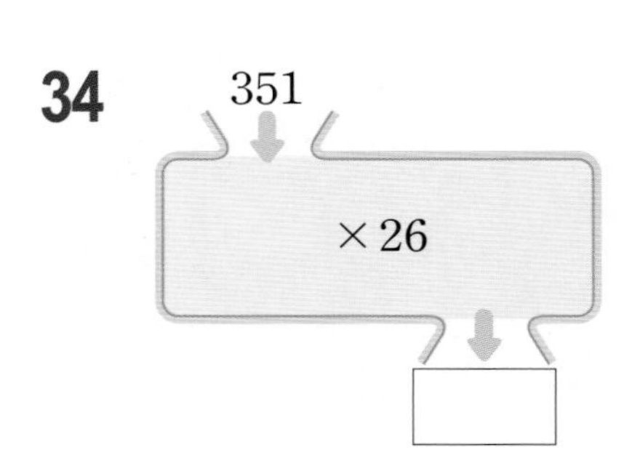

4 나눗셈

학습 계획표

학습 내용	원리	연습	적용
❶ (몇백몇십)÷(몇십)	Day **34**	Day **35**	Day **36**
❷ (세 자리 수)÷(몇십)	Day **37**	Day **38**	Day **39**
❸ 몫이 한 자리 수인 (두 자리 수)÷(두 자리 수)	Day **40**	Day **41**	Day **42**
❹ 몫이 한 자리 수인 (세 자리 수)÷(두 자리 수)	Day **43**	Day **44**	Day **45**
❺ 몫이 두 자리 수인 (세 자리 수)÷(두 자리 수) ①	Day **46**	Day **47**	Day **48**
❻ 몫이 두 자리 수인 (세 자리 수)÷(두 자리 수) ②	Day **49**	Day **50**	Day **51**
평가		Day **52**	

학습 관리 **tip** 맨 앞장의 학습 플래너를 이용하여 학습 스케줄을 관리하도록 하세요!

원리

❶ (몇백몇십)÷(몇십)

◎ (몇백몇십)÷(몇십)의 계산 방법

(몇백몇십)÷(몇십)은 (몇십몇)÷(몇)을 계산하여 몫을 구합니다.

예 210÷30의 계산

210÷30의 몫은 21÷3의 몫과 같습니다.

$210 \div 30 = 7$ ($21 \div 3 = 7$)

→

				7
3	0	)2	1	0
		2	1	0
				0

뿜뿜이

나누는 수와 나누어지는 수에 똑같이 0이 있으면 둘 다 지우고 생각해도 돼!

빈칸에 알맞은 수를 써넣으세요.

1

2	0	)1	2	0
				0
				0

2

4	0	)1	6	0
				0
				0

3

5	0	)2	5	0
				0
				0

4

7	0	)2	8	0
				0
				0

5

8	0	)2	4	0
				0
				0

6

6	0	)3	6	0
				0
				0

7

3	0	)2	7	0
				0
				0

8

9	0	)4	5	0
				0
				0

9

2	0	)1	6	0
				0
				0

10

3	0	)1	5	0
				0
				0

11

7	0	)2	1	0
				0
				0

12

5	0	)3	5	0
				0
				0

13

6	0	)2	4	0
				0
				0

14

3	0	)1	2	0
				0
				0

15

9	0	)2	7	0
				0
				0

16

8	0	)4	8	0
				0
				0

17

4	0	)1	2	0
				0
				0

18

7	0	)3	5	0
				0
				0

19

9	0	)7	2	0
				0
				0

20

4	0	)3	2	0
				0
				0

연습 ❶ (몇백몇십)÷(몇십)

계산을 하세요.

1 $80\overline{)160}$

2 $30\overline{)180}$

3 $80\overline{)320}$

4 $90\overline{)180}$

5 $60\overline{)540}$

6 $80\overline{)640}$

7 $70\overline{)140}$

8 $60\overline{)420}$

9 $60\overline{)480}$

10 $70\overline{)420}$

11 $90\overline{)360}$

12 $40\overline{)240}$

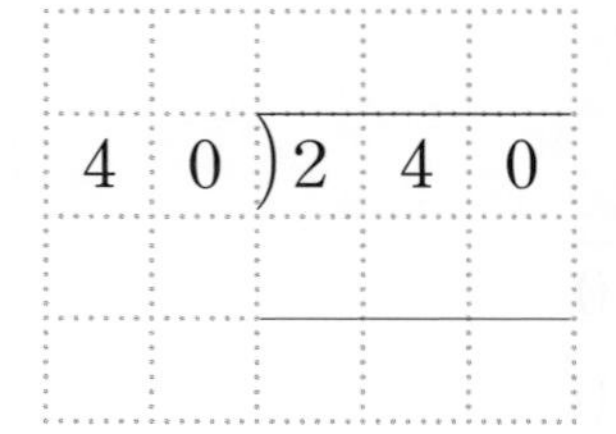

13 $560 \div 80$

14 $180 \div 60$

15 $490 \div 70$

16 $280 \div 40$

17 $150 \div 50$

18 $630 \div 90$

19 $450 \div 50$

20 $720 \div 80$

21 $630 \div 70$

22 $540 \div 90$

23 $560 \div 70$

24 $240 \div 30$

25 지희는 180쪽인 동화책을 하루에 20쪽씩 읽으려고 합니다. 며칠 동안 읽어야 모두 읽을 수 있는지 구하세요.

$180 \div 20 = \square$

답 ______

❶ (몇백몇십)÷(몇십)

빈 곳에 알맞은 수를 써넣으세요.

1

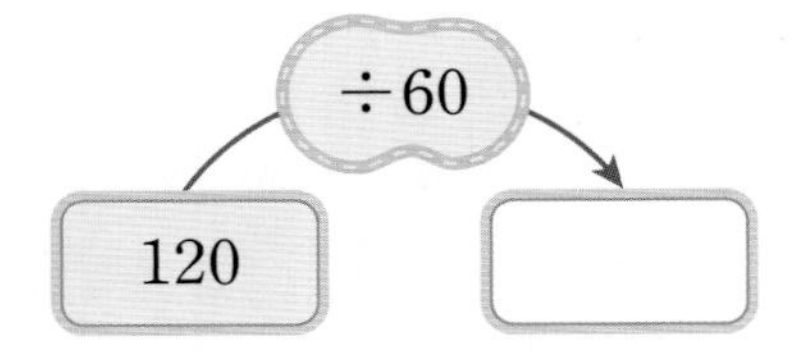

2

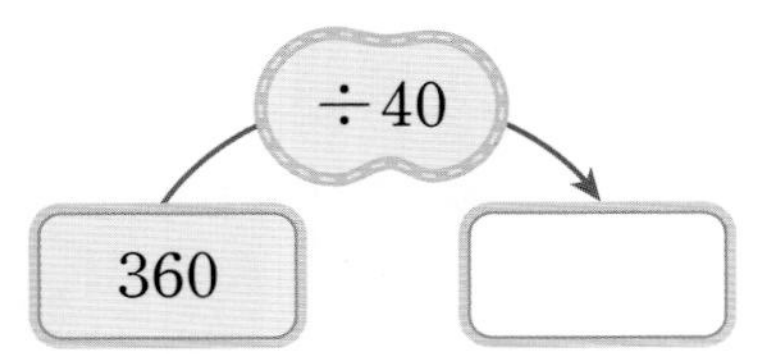

3

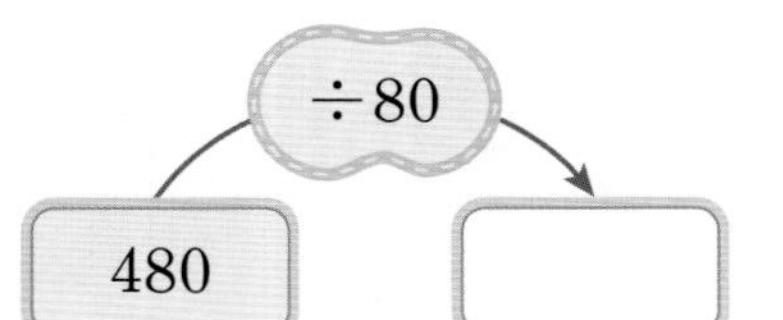

4

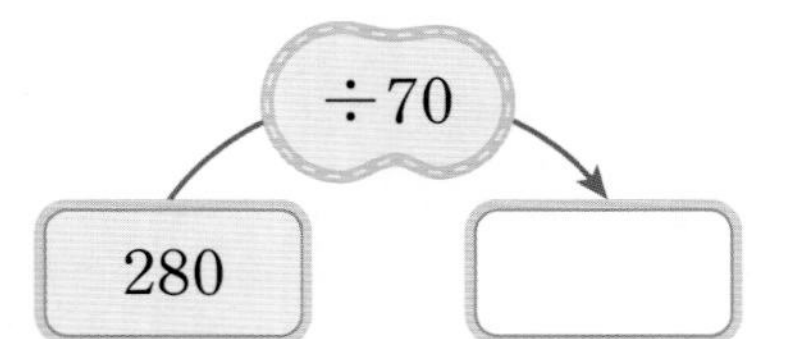

5

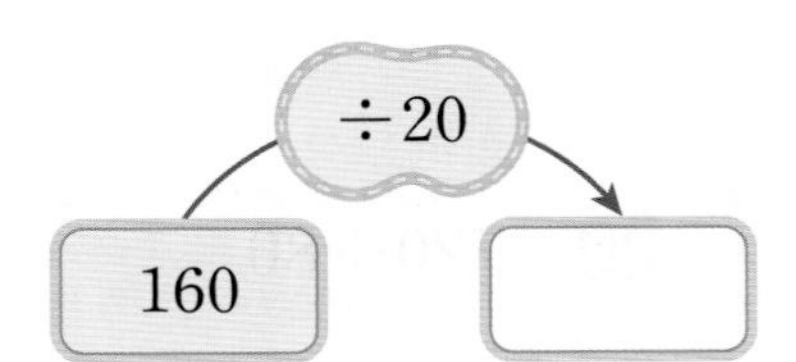

6

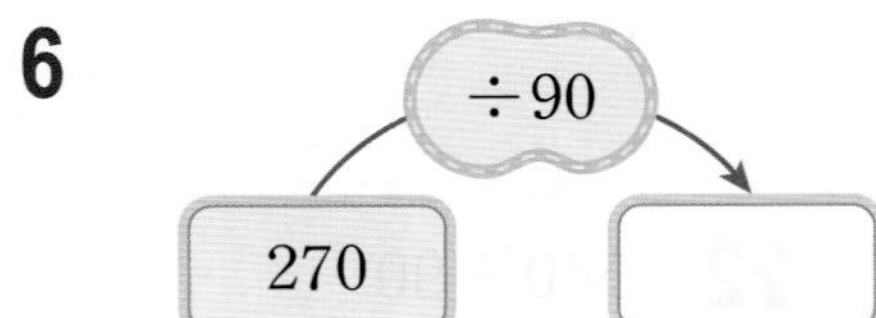
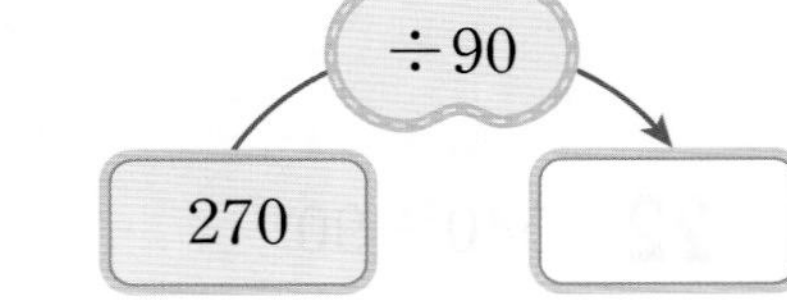

7

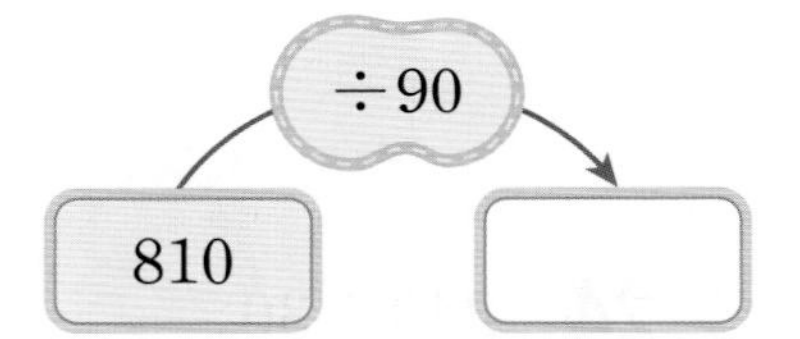

8

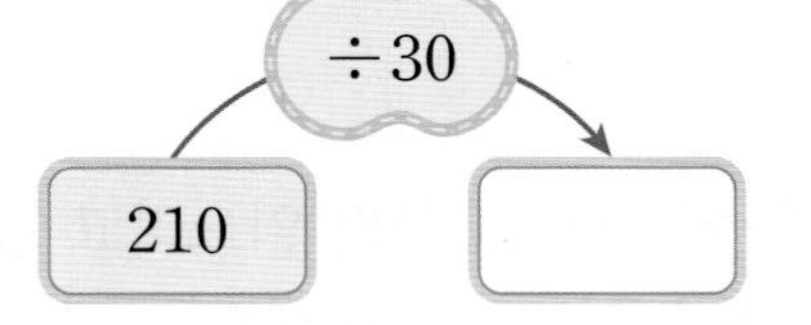

정확성 up!

월　일	분	개
학습 날짜	학습 시간	맞힌 개수

□ 안에 알맞은 수를 써넣으세요.

9

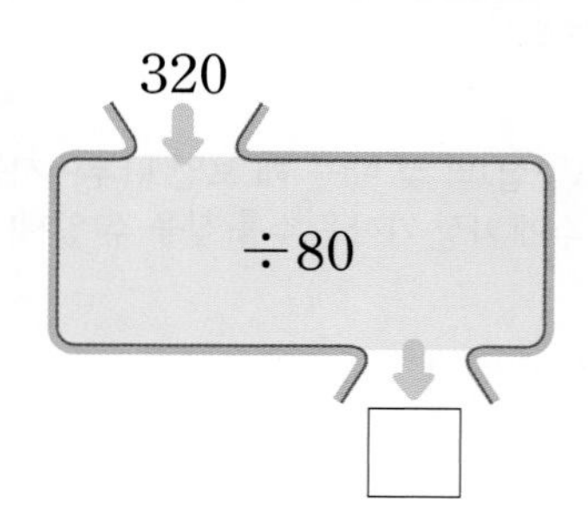

10

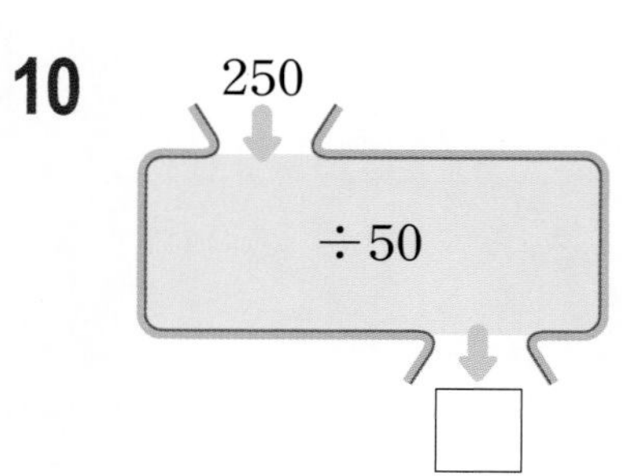

11

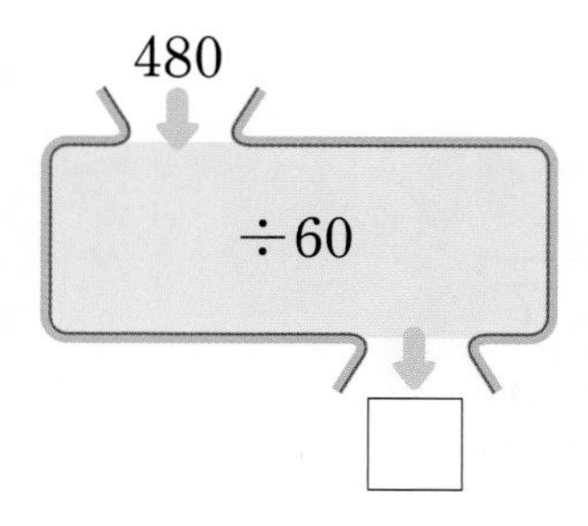

12

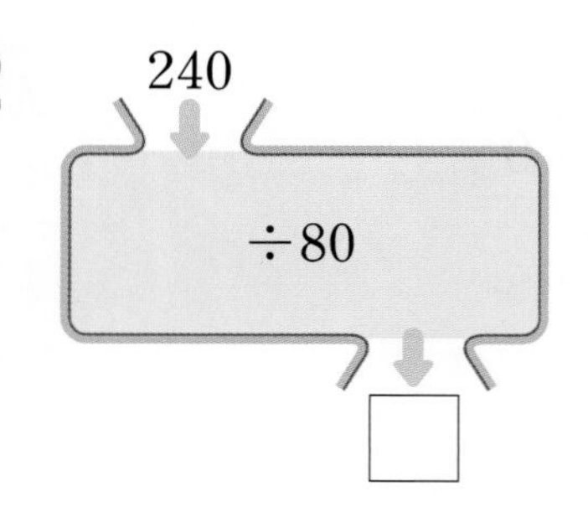

13

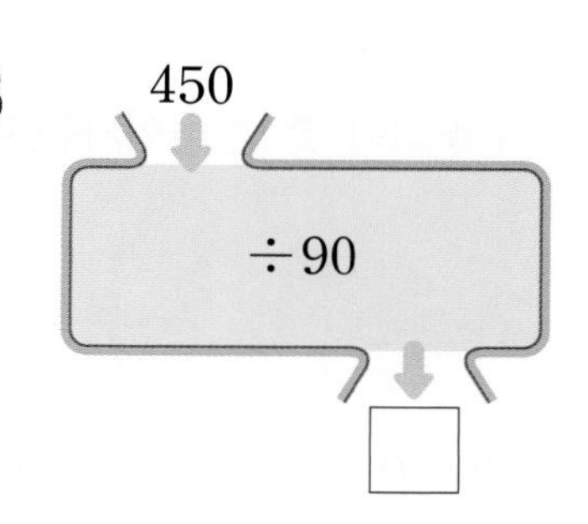

14

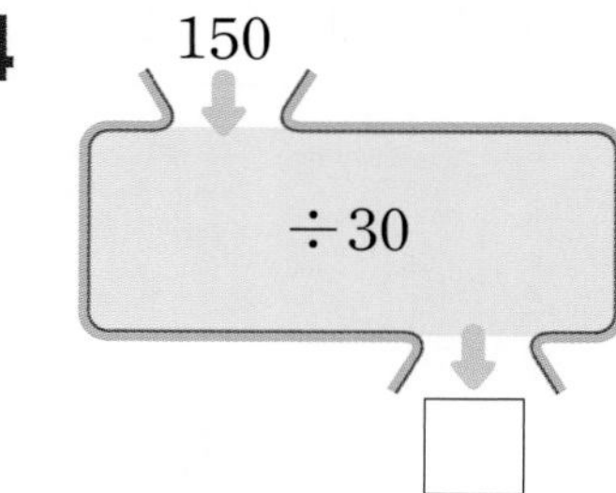

15

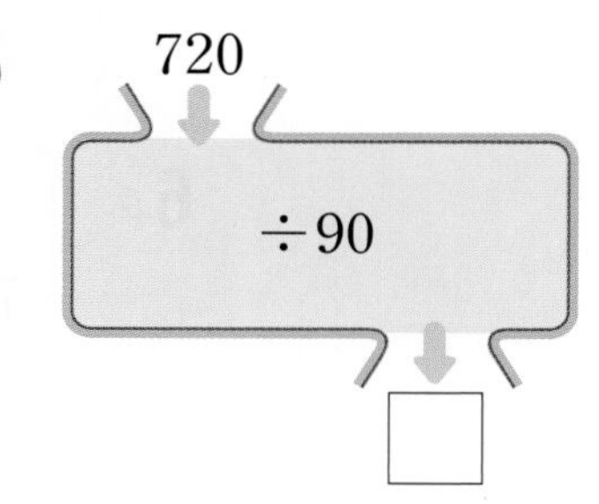

16

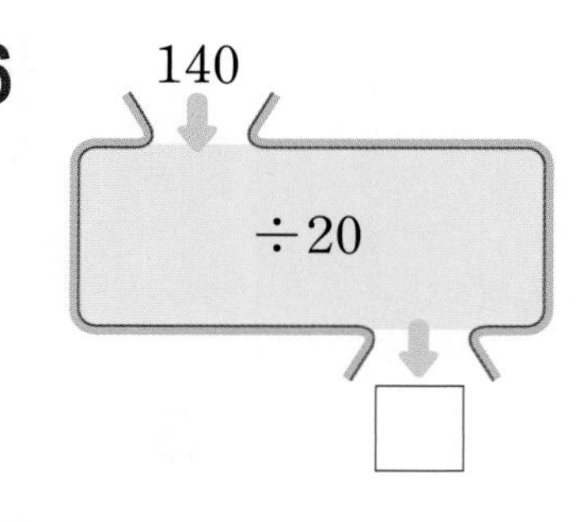

정확성 **up!**

원리

❷ (세 자리 수)÷(몇십)

○ (세 자리 수)÷(몇십)의 계산 방법

(세 자리 수)÷(몇십)은 (세 자리 수)에 (몇십)이 몇 번 들어가는지 생각합니다.

예 124÷20의 계산

20×6=120을 이용하여 몫과 나머지를 구합니다.

$20\times5=100$
$20\times6=120$
$20\times7=140$

				6 ← 몫
2	0	)1	2	4
		1	2	0
				4 ← 나머지

$124\div20=6\cdots4$

뿡뿡이: (몇십)의 몇 배를 해 보면 나누어지는 수에 가장 가까운 수를 찾을 수 있지!

:: 빈칸에 알맞은 수를 써넣으세요.

1

4	0	)2	4	5
				0

2

6	0	)4	3	4
				0

3

8	0	)5	8	1
				0

4

5	0	)3	3	6
				0

5

4	0	)3	7	2
				0

6

7	0	)2	0	7
				0

7

9	0	)8	4	2
				0

8

6	0	)5	2	5
				0

9

$$20\overline{)156}$$
0

10

$$60\overline{)315}$$
0

11

$$50\overline{)428}$$
0

12

$$70\overline{)519}$$
0

13

$$40\overline{)362}$$
0

14

$$80\overline{)614}$$
0

15

$$50\overline{)477}$$
0

16

$$30\overline{)233}$$
0

17

$$80\overline{)485}$$
0

18

$$90\overline{)767}$$
0

19

$$70\overline{)629}$$
0

20

$$20\overline{)134}$$
0

❷ (세 자리 수)÷(몇십)

계산을 하세요.

1 $30\overline{)247}$

2 $40\overline{)184}$

3 $70\overline{)296}$

4 $80\overline{)443}$

5 $60\overline{)385}$

6 $90\overline{)569}$

7 $70\overline{)291}$

8 $80\overline{)388}$

9 $30\overline{)201}$

10 $90\overline{)754}$

11 $90\overline{)611}$

12 $80\overline{)526}$

정답 ➔ 15쪽

월 일	분	개
학습 날짜	학습 시간	맞힌 개수

13 $235 \div 30$

14 $373 \div 60$

15 $196 \div 40$

16 $474 \div 50$

17 $659 \div 70$

18 $347 \div 40$

19 $497 \div 70$

20 $175 \div 30$

21 $506 \div 80$

22 $426 \div 90$

23 $412 \div 60$

24 $638 \div 70$

실력 up

25 지우개 292개를 한 상자에 30개씩 담으려고 합니다. 지우개는 몇 상자에 담을 수 있고, 몇 개가 남는지 구하세요.

$292 \div 30 = \square \cdots \square$

답 ____________

❷ (세 자리 수)÷(몇십)

∷ 몫은 □ 안에, 나머지는 ○ 안에 써넣으세요.

1

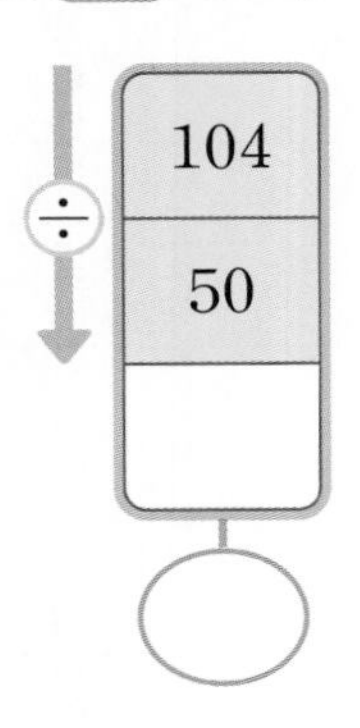

2

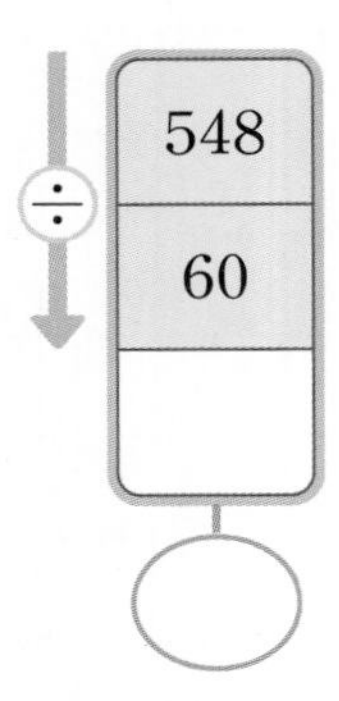

3

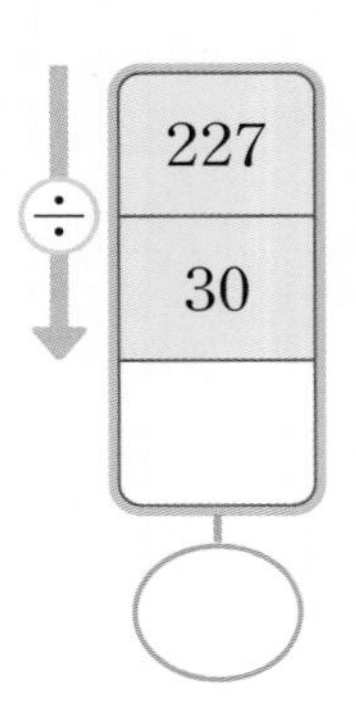

4

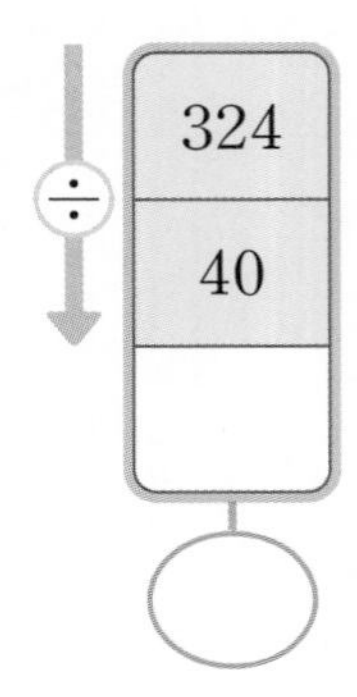

5

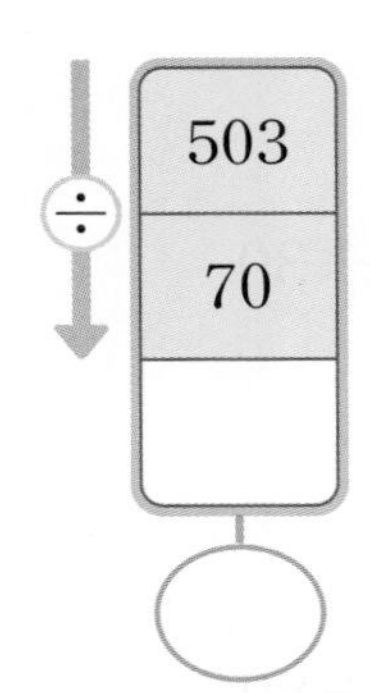

6

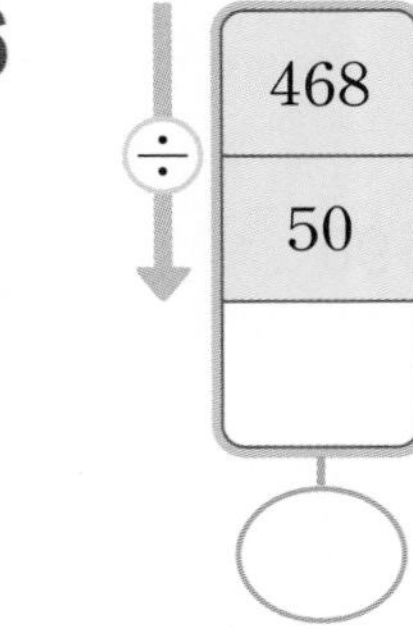

7

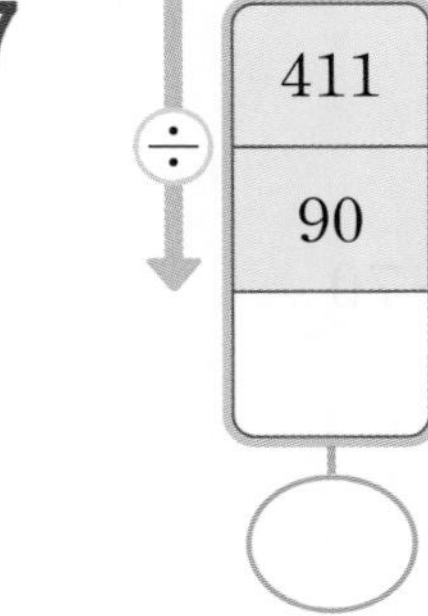

8

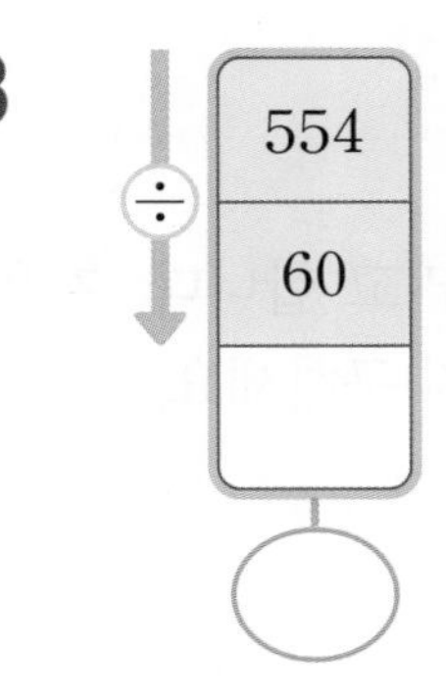

정확성 up!

큰 수를 작은 수로 나눈 몫과 나머지를 구하세요.

9

171 20

몫	나머지

10

263 40

몫	나머지

11

368 90

몫	나머지

12

285 30

몫	나머지

13

442 80

몫	나머지

14

512 60

몫	나머지

15

601 70

몫	나머지

16

359 50

몫	나머지

정확성 up!

원리 ❸ 몫이 한 자리 수인 (두 자리 수)÷(두 자리 수)

원리 동영상 강의

● (두 자리 수)÷(두 자리 수)의 계산 방법

몫을 어림하여 계산할 때 나머지가 나누는 수와 같거나 큰 경우 몫을 1 크게 하고, 나누어지는 수에서 곱을 뺄 수 없는 경우 몫을 1 작게 합니다.

㉮ 71÷16의 계산

$$\begin{array}{r} 3 \\ 16\overline{)71} \\ 48 \\ \hline 23 \end{array} \xrightarrow{\text{몫을 1 크게 합니다.}} \begin{array}{r} 4 \\ 16\overline{)71} \\ 64 \\ \hline 7 \end{array} \xleftarrow{\text{몫을 1 작게 합니다.}} \begin{array}{r} 5 \\ 16\overline{)71} \\ 80 \\ \hline \end{array}$$

나머지가 나누는 수보다 큽니다. (23)

빼 수 없습니다. (80)

71÷16=4⋯7

조심이: 나머지는 항상 나누는 수보다 작아야 한다는 걸 잊지 마!

빈칸에 알맞은 수를 써넣으세요.

1 $12\overline{)72}$

2

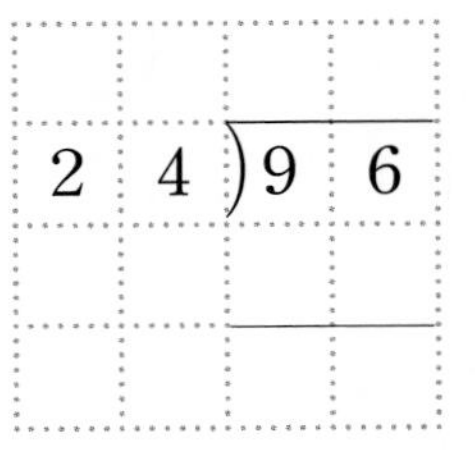

3

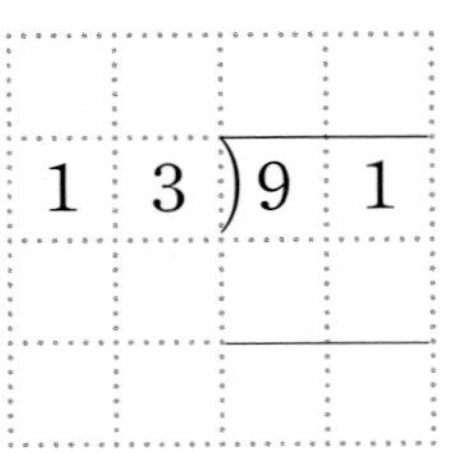

4 $35\overline{)70}$

5

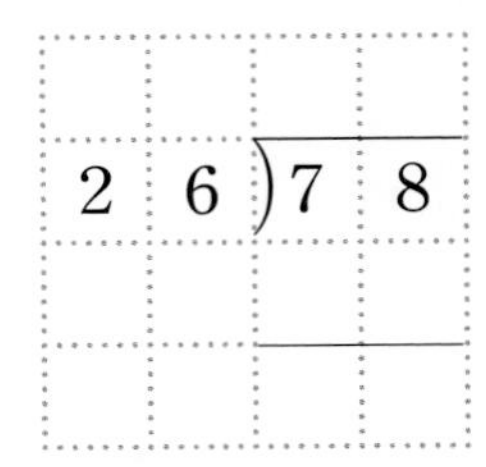

6

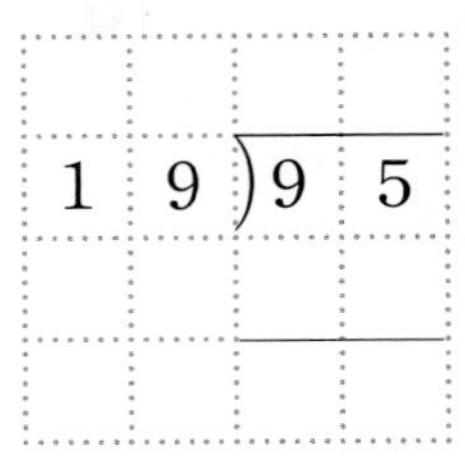

7 $15\overline{)45}$

8 $27\overline{)54}$

정답 16쪽

월 일	분	개
학습 날짜	학습 시간	맞힌 개수

Day 40

9 $14\overline{)45}$

10 $37\overline{)76}$

11 $26\overline{)83}$

12 $19\overline{)79}$

13 $25\overline{)53}$

14 $11\overline{)65}$

15 $29\overline{)94}$

16 $12\overline{)39}$

17 $28\overline{)71}$

18 $15\overline{)88}$

19 $12\overline{)49}$

20 $13\overline{)60}$

연습

❸ 몫이 한 자리 수인 (두 자리 수)÷(두 자리 수)

계산을 하세요.

1 $17\overline{)68}$

2 $37\overline{)74}$

3 $16\overline{)80}$

4 $33\overline{)66}$

5 $27\overline{)81}$

6 $14\overline{)56}$

7 $24\overline{)75}$

8 $23\overline{)67}$

9 $19\overline{)58}$

10 $16\overline{)97}$

11 $13\overline{)48}$

12 $18\overline{)46}$

정답 ➔ 16쪽

월 일	분	개
학습 날짜	학습 시간	맞힌 개수

13 $85 \div 38$

14 $92 \div 14$

15 $69 \div 28$

16 $89 \div 29$

17 $98 \div 16$

18 $57 \div 18$

19 $77 \div 13$

20 $87 \div 24$

21 $59 \div 15$

22 $64 \div 27$

23 $93 \div 19$

24 $61 \div 22$

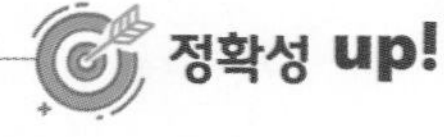

25 고구마 62 kg을 한 상자에 15 kg씩 담아서 팔려고 합니다. 몇 상자까지 팔 수 있는지 구하세요.

$62 \div 15 = \square \cdots \square$

답 ______________

적용

❸ 몫이 한 자리 수인 (두 자리 수)÷(두 자리 수)

큰 수를 작은 수로 나눈 몫을  안에 써넣으세요.

1

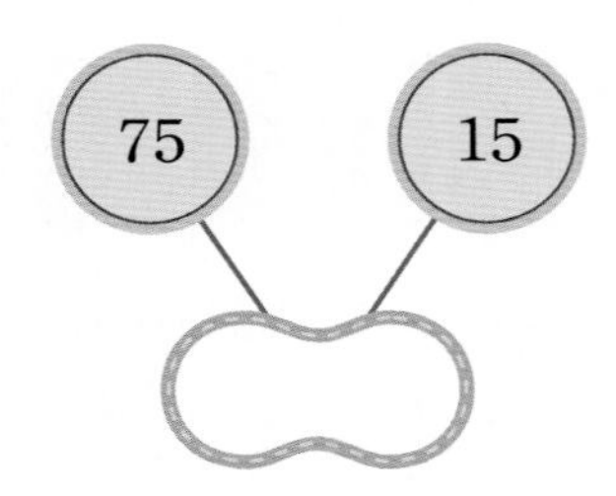

2

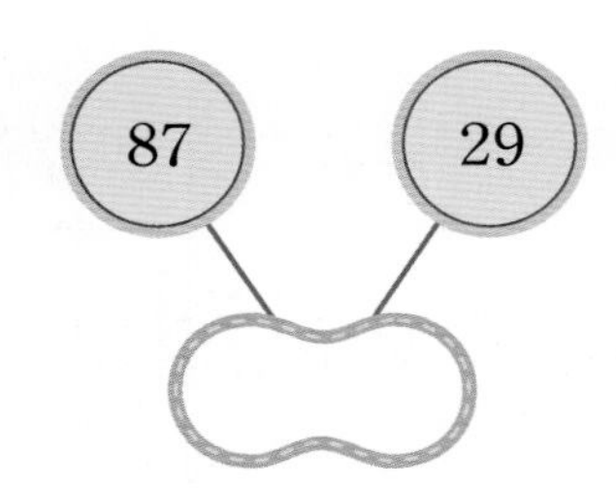

3

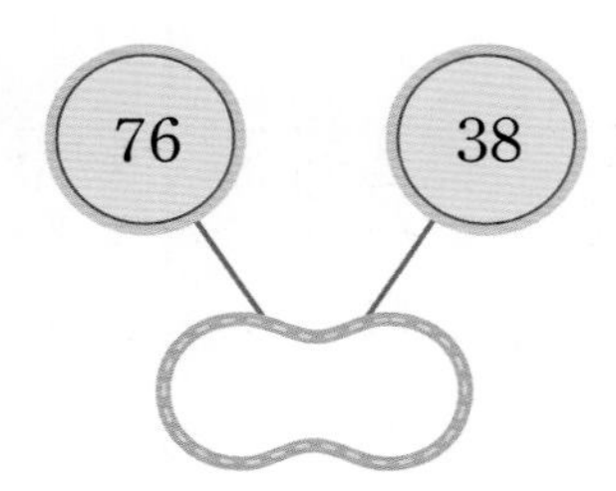

4

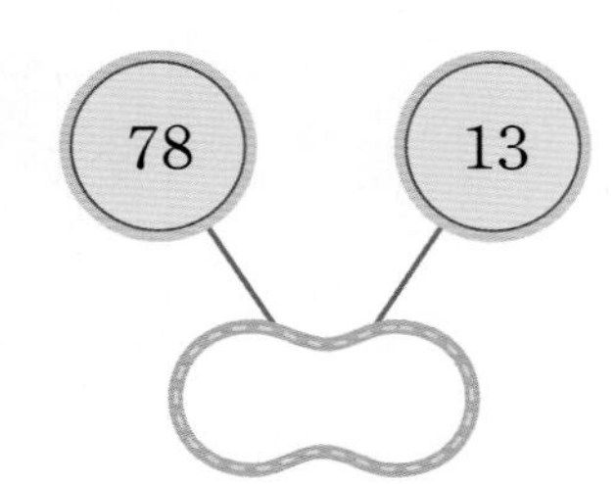

5

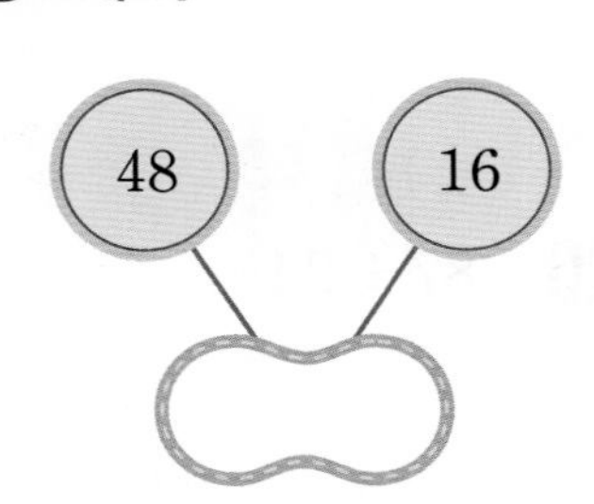

6

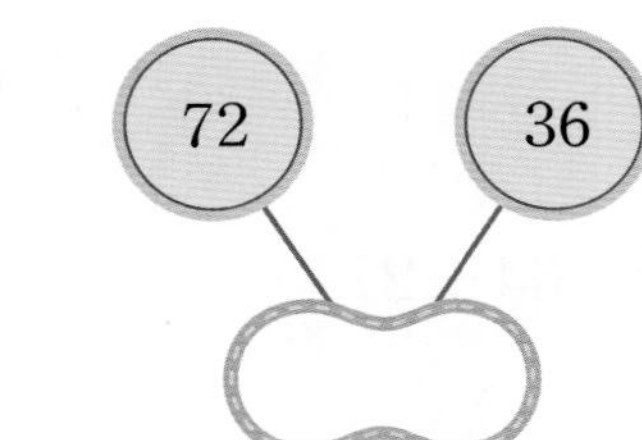

7

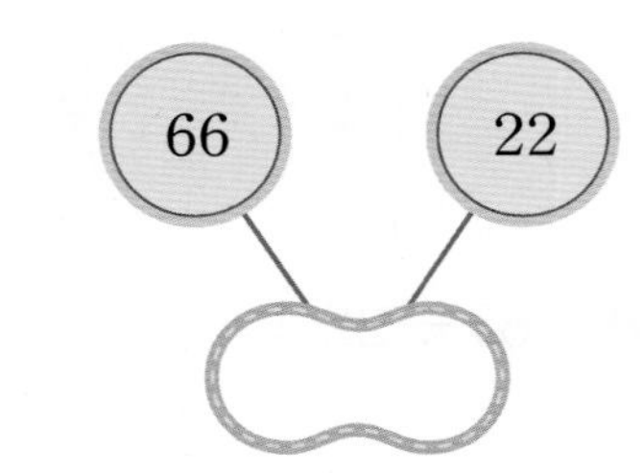

8

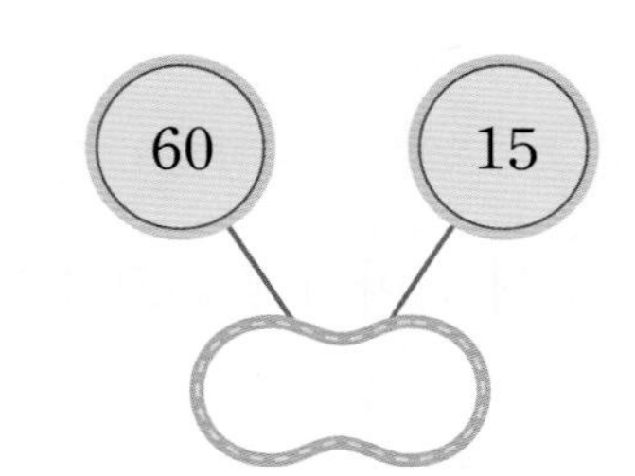

정확성 up!

정답 ➔ 17쪽

월 일	분	개
학습 날짜	학습 시간	맞힌 개수

큰 수를 작은 수로 나누어 몫을 ☐ 안에, 나머지를 ○ 안에 써넣으세요.

9

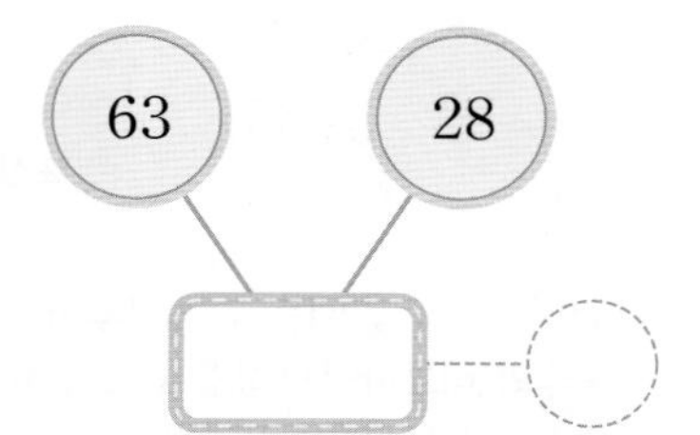

10

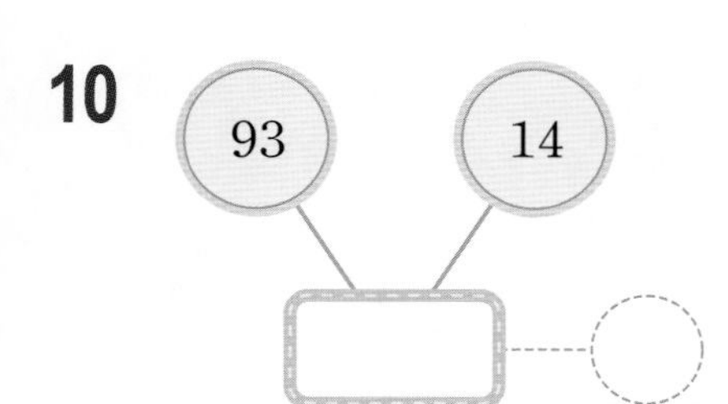

11

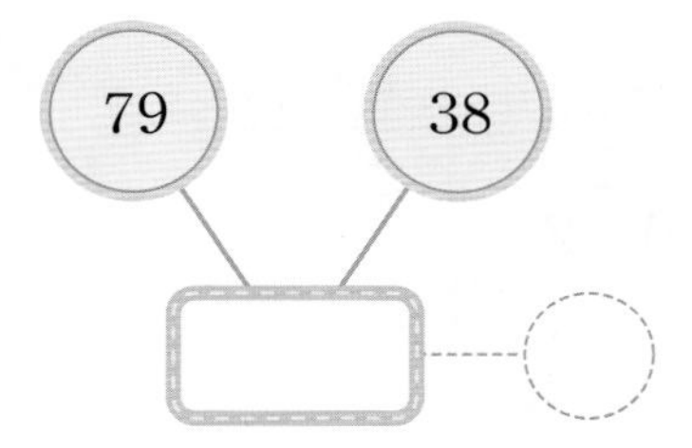

12

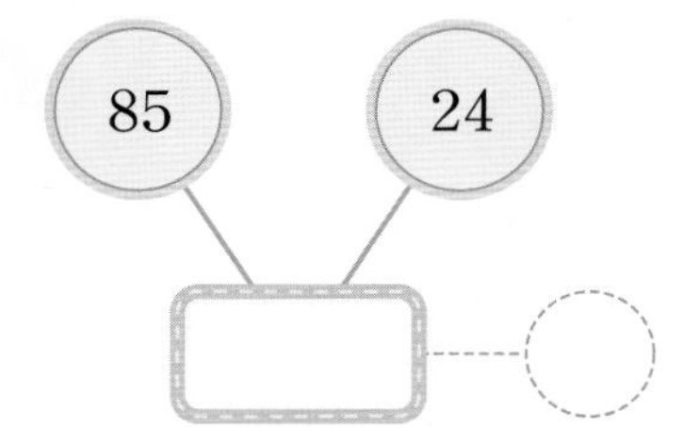

13

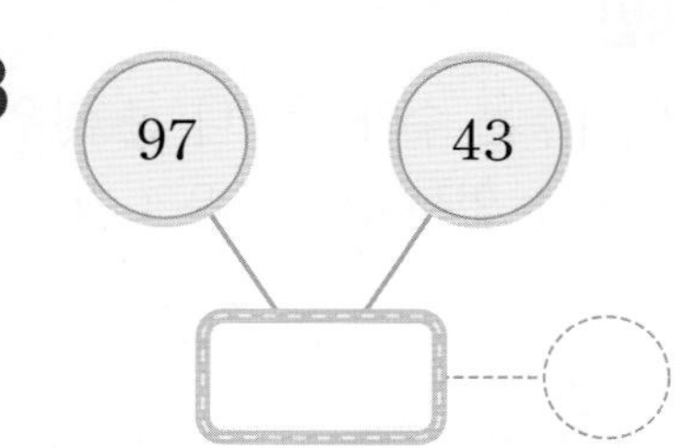

14

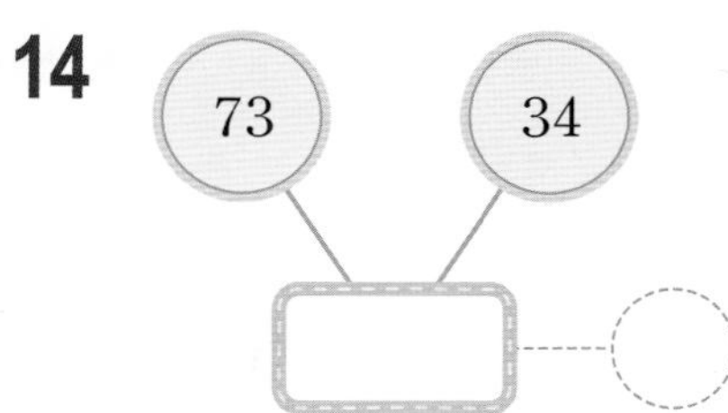
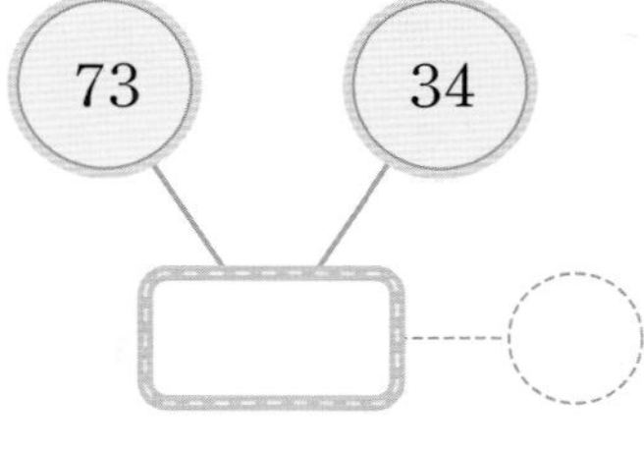

15

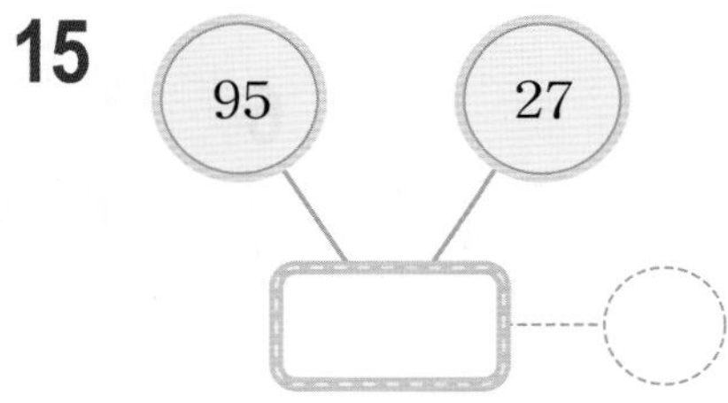

16

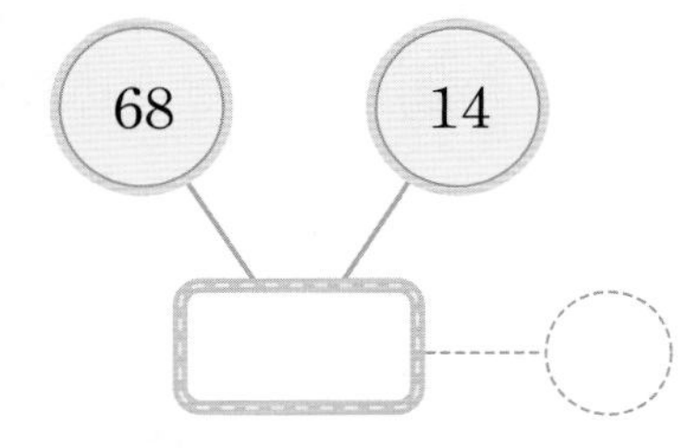

정확성 up!

❹ 몫이 한 자리 수인 (세 자리 수)÷(두 자리 수)

원리 동영상 강의

○ (세 자리 수)÷(두 자리 수)의 계산 방법

몫을 어림하여 계산할 때 나머지가 나누는 수와 같거나 큰 경우 몫을 1 크게 하고, 나누어지는 수에서 곱을 뺄 수 없는 경우 몫을 1 작게 합니다.

예 160÷47의 계산

47)160 → 몫 2	47)160 → 몫 3	47)160 → 몫 4
94	141	188 ← 뺄 수 없습니다.
66 (나머지가 나누는 수보다 큽니다.)	19	

몫 2 → 몫을 1 크게 합니다. → 몫 3 ← 몫을 1 작게 합니다. ← 몫 4

$160 \div 47 = 3 \cdots 19$

조심이

나누는 수의 몇 배를 구해 나누어지는 수와 비교하면서 몫을 1 크게 하거나 작게 하여 비교해 봐!

빈칸에 알맞은 수를 써넣으세요.

1 51)104

2 64)392

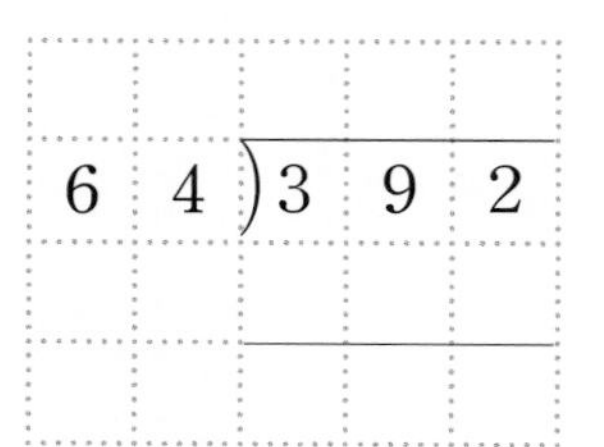

3 83)256

4 42)320

5 53)423

6 66)502

7 35)278

8 62)269

월 일	분	개
학습 날짜	학습 시간	맞힌 개수

9 $44\overline{)357}$

10 $36\overline{)330}$

11 $75\overline{)533}$

12 $28\overline{)245}$

13 $55\overline{)339}$

14 $62\overline{)415}$

15 $68\overline{)381}$

16 $95\overline{)848}$

17 $78\overline{)687}$

18 $51\overline{)236}$

19 $82\overline{)794}$

20 $16\overline{)121}$

연습

❹ 몫이 한 자리 수인 (세 자리 수)÷(두 자리 수)

계산을 하세요.

1 $22\overline{)113}$

2 $49\overline{)300}$

3 $35\overline{)249}$

4 $81\overline{)575}$

5 $62\overline{)563}$

6 $93\overline{)753}$

7 $59\overline{)537}$

8 $86\overline{)433}$

9 $43\overline{)388}$

10 $79\overline{)487}$

11 $27\overline{)154}$

12 $38\overline{)323}$

정답 ➔ 18쪽

월 일	분	개
학습 날짜	학습 시간	맞힌 개수

13 $623 \div 77$

14 $734 \div 81$

15 $463 \div 57$

16 $129 \div 15$

17 $442 \div 72$

18 $283 \div 46$

19 $164 \div 51$

20 $224 \div 34$

21 $570 \div 68$

22 $766 \div 99$

23 $606 \div 62$

24 $315 \div 53$

25 책 212권을 책꽂이 한 칸에 35권씩 꽂으려고 합니다. 책을 모두 꽂으려면 책꽂이를 적어도 몇 칸 사용해야 하는지 구하세요.

$212 \div 35 = \square \cdots \square$

답 ____________________

적용 ❹ 몫이 한 자리 수인 (세 자리 수)÷(두 자리 수)

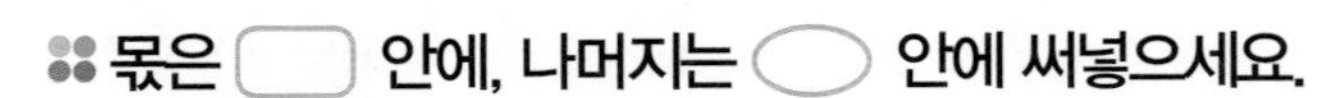

1

118 ÷ 16

2

123 ÷ 29

3

230 ÷ 38

4

192 ÷ 21

5

188 ÷ 44

6

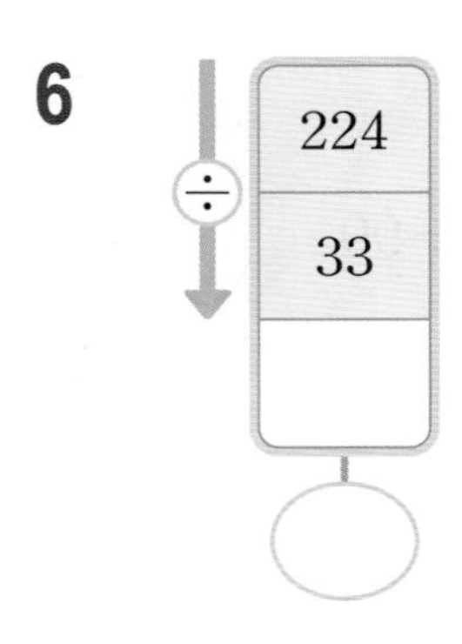

7

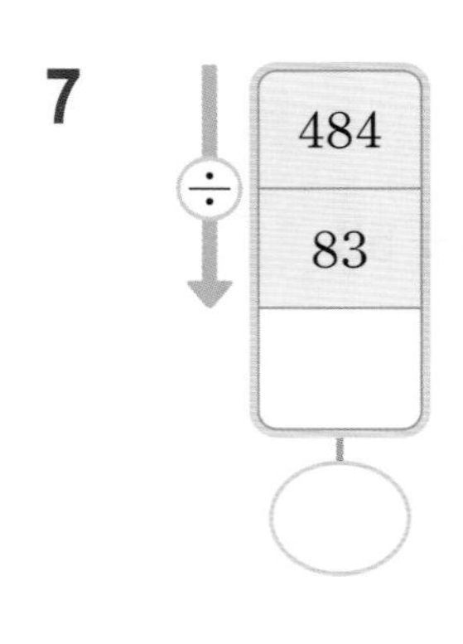

8

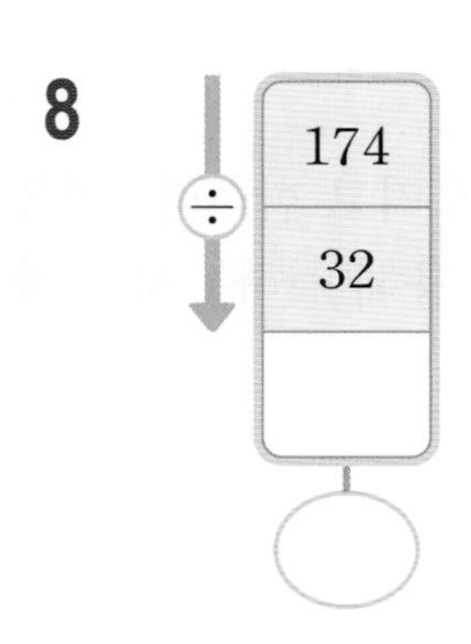

정확성 up!

월 일	분	개
학습 날짜	학습 시간	맞힌 개수

큰 수를 작은 수로 나눈 몫과 나머지를 구하세요.

9 171 27

몫 ( )
나머지 ( )

10 264 43

몫 ( )
나머지 ( )

11 369 98

몫 ( )
나머지 ( )

12 618 85

몫 ( )
나머지 ( )

13 412 76

몫 ( )
나머지 ( )

14 503 66

몫 ( )
나머지 ( )

15 540 73

몫 ( )
나머지 ( )

16 589 63

몫 ( )
나머지 ( )

정확성 **up!**

원리 동영상 강의

⑤ 몫이 두 자리 수인 (세 자리 수)÷(두 자리 수) ①

● (세 자리 수)÷(두 자리 수)의 계산 방법

(나누는 수)×10의 값이 (나누어지는 수)보다 작거나 같으면 나눗셈의 몫은 두 자리 수입니다.

㉮ 204÷17의 계산

$17 \times 10 = 170$으로 $170 < 204$이므로 몫은 두 자리 수입니다.

$$\begin{array}{r} 1 \\ 17\overline{)204} \\ \underline{17} \\ 34 \end{array} \Rightarrow \begin{array}{r} 12 \\ 17\overline{)204} \\ \underline{17} \\ 34 \\ \underline{34} \\ 0 \end{array}$$

$204 \div 17 = 12$

조심이: 나누어지는 수의 왼쪽 두 자리 수를 나누는 수로 나눌 수 있는지 살펴봐!

빈칸에 알맞은 수를 써넣으세요.

1 $27\overline{)297}$

2 $16\overline{)368}$

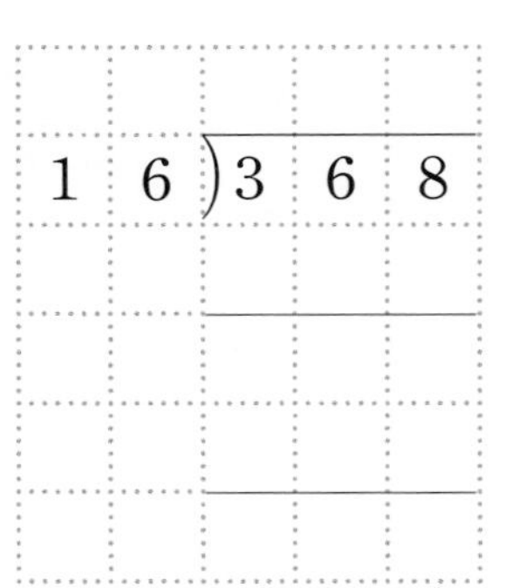

3 $21\overline{)504}$

4 $15\overline{)495}$

5 $32\overline{)480}$

6 $46\overline{)598}$

월 일	분	개
학습 날짜	학습 시간	맞힌 개수

7

$13\overline{)325}$

8

$33\overline{)693}$

9

$14\overline{)434}$

10

$12\overline{)288}$

11

$42\overline{)714}$

12

$42\overline{)588}$

13

$25\overline{)475}$

14

$34\overline{)544}$

15

$12\overline{)168}$

16

$15\overline{)360}$

연습

❺ 몫이 두 자리 수인 (세 자리 수)÷(두 자리 수) ①

계산을 하세요.

1 $22\overline{)264}$

2 $41\overline{)902}$

3 $26\overline{)546}$

4 $16\overline{)352}$

5 $32\overline{)736}$

6 $11\overline{)462}$

7 $43\overline{)645}$

8 $31\overline{)496}$

9 $32\overline{)448}$

10 $19\overline{)475}$

11 $27\overline{)945}$

12 $35\overline{)980}$

정답 19쪽

월 일	분	개
학습 날짜	학습 시간	맞힌 개수

Day 47

13 $372 \div 12$

14 $774 \div 18$

15 $132 \div 11$

16 $630 \div 15$

17 $858 \div 26$

18 $576 \div 32$

19 $782 \div 23$

20 $918 \div 34$

21 $555 \div 15$

22 $783 \div 29$

23 $494 \div 26$

24 $608 \div 19$

정확성 up!

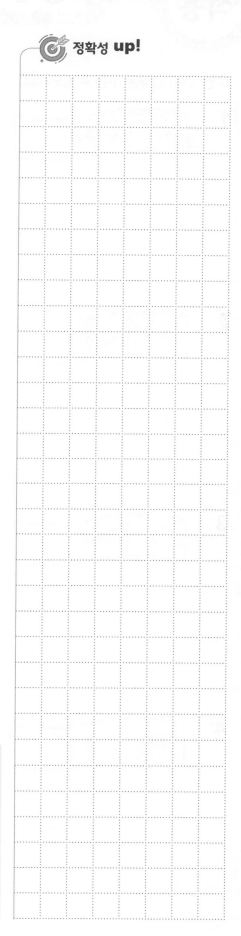

실력 up

25 길이가 744 cm인 리본을 한 도막이 62 cm가 되게 잘랐습니다. 62 cm짜리 리본은 몇 도막인지 구하세요.

$744 \div 62 = \square$

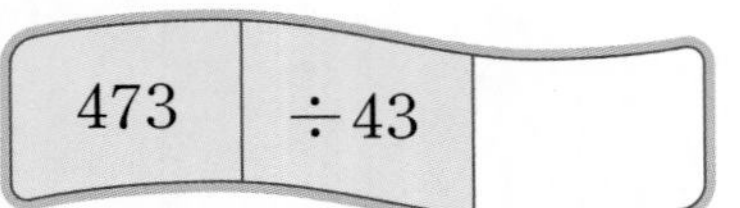

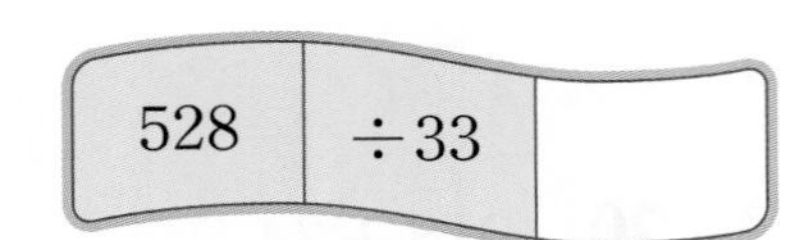

⑤ 몫이 두 자리 수인 (세 자리 수)÷(두 자리 수) ①

∷ 빈 곳에 알맞은 수를 써넣으세요.

1

473	÷43	

2

868	÷28	

3

702	÷54	

4

988	÷38	

5

528	÷33	

6

936	÷72	

7

676	÷26	

8

561	÷51	

정확성 **up!**

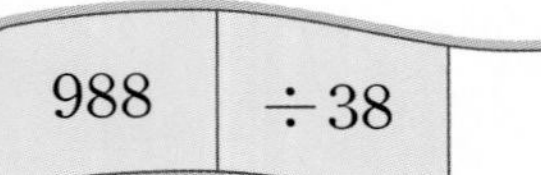

정답 ➔ 20쪽

월 일	분	개
학습 날짜	학습 시간	맞힌 개수

□ 안에 알맞은 수를 써넣으세요.

9

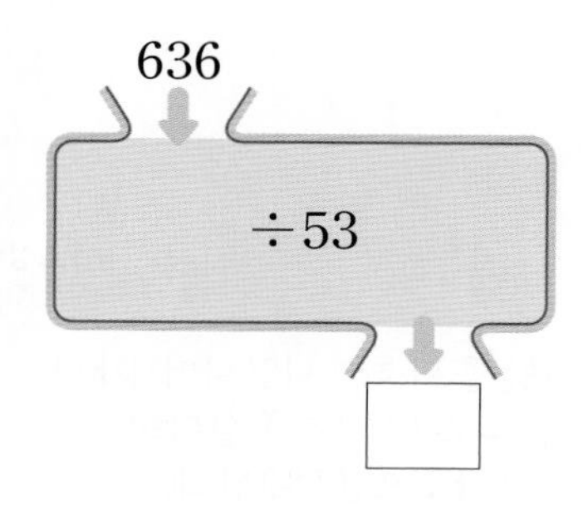

10

792

÷18

□

11

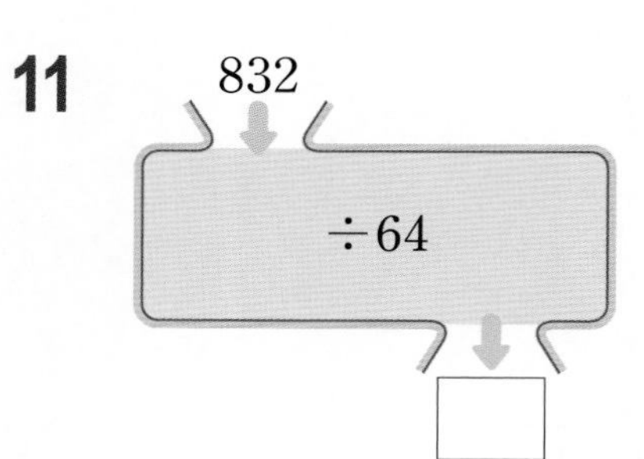

12

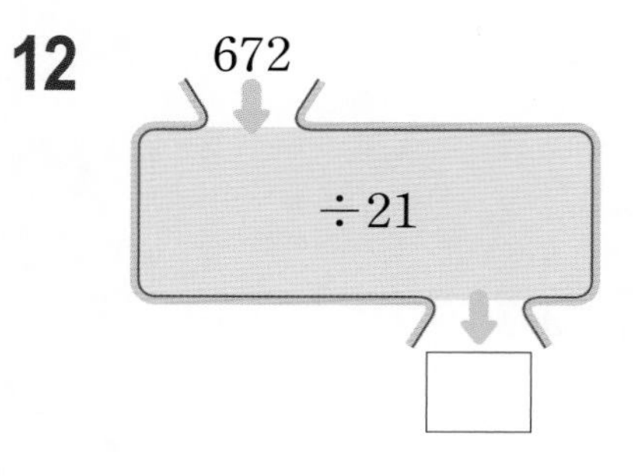

13

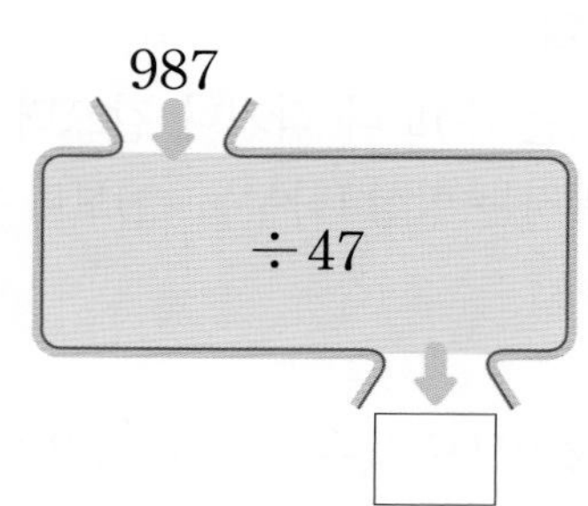

14

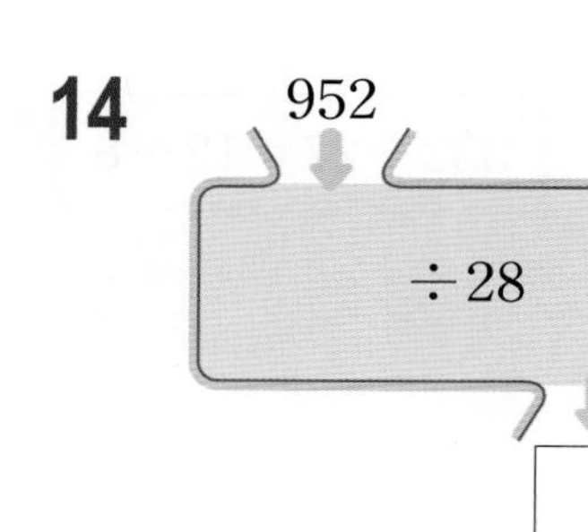

15

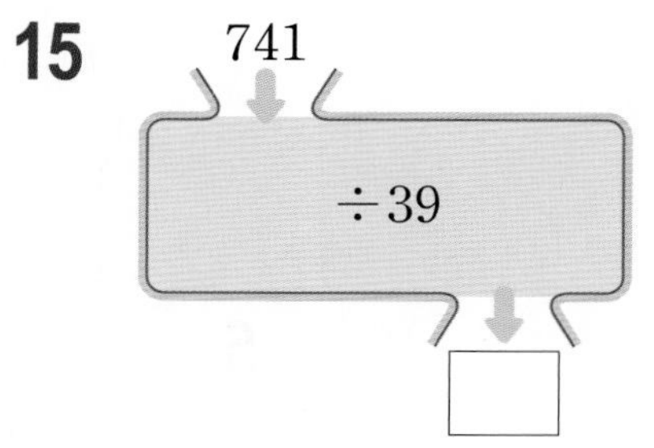

16

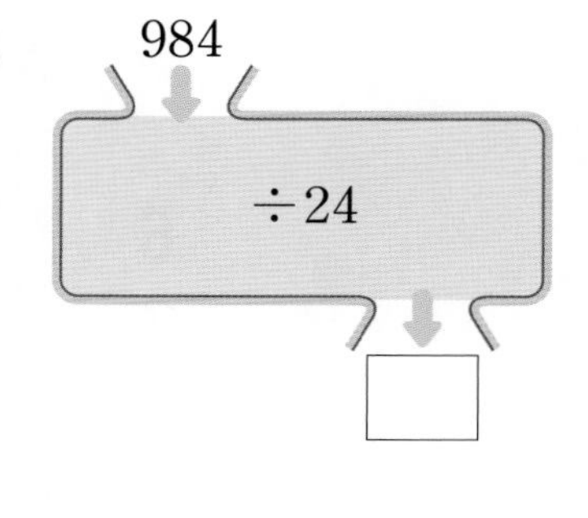

정확성 **up!**

원리 동영상 강의

원리 ❻ 몫이 두 자리 수인 (세 자리 수)÷(두 자리 수) ②

● (세 자리 수)÷(두 자리 수)의 계산 방법

(나누는 수)×10의 값이 (나누어지는 수)보다 작거나 같으면 나눗셈의 몫은 두 자리 수이고, 나눗셈의 나머지는 항상 (나누는 수)보다 작아야 합니다.

예) 332÷27의 계산

$27\times10=270$으로 $270<332$이므로 몫은 두 자리 수입니다.

$$
\begin{array}{r}
1 \\
27\overline{)332} \\
27 \\
\hline
62
\end{array}
\Rightarrow
\begin{array}{r}
12 \\
27\overline{)332} \\
27 \\
\hline
62 \\
54 \\
\hline
8
\end{array}
$$

332÷27=12…8

조심이

계산을 다 하고 나면 나머지가 나누는 수보다 작은지 꼭 살펴봐!
크거나 같으면 절대 안 돼.

⁘ 빈칸에 알맞은 수를 써넣으세요.

1

$18\overline{)364}$

2

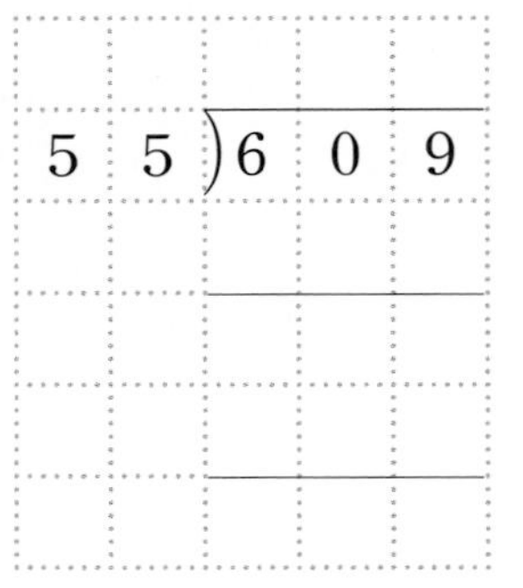

3

$71\overline{)855}$

4

$54\overline{)977}$

5

6

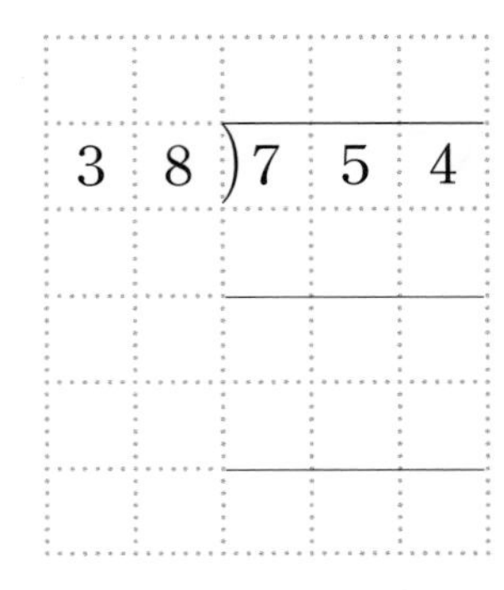

7 $25\overline{)758}$

8 $52\overline{)626}$

9 $24\overline{)797}$

10 $47\overline{)807}$

11 $23\overline{)537}$

12 $65\overline{)854}$

13 $58\overline{)975}$

14 $24\overline{)573}$

15 $13\overline{)199}$

16 $28\overline{)641}$

❻ 몫이 두 자리 수인 (세 자리 수)÷(두 자리 수) ②

계산을 하세요.

1 $21\overline{)458}$

2 $14\overline{)563}$

3 $42\overline{)803}$

4 $69\overline{)760}$

5 $15\overline{)827}$

6 $17\overline{)722}$

7 $61\overline{)993}$

8 $31\overline{)658}$

9 $26\overline{)737}$

10 $33\overline{)775}$

11 $51\overline{)745}$

12 $49\overline{)577}$

13 $575 \div 19$

14 $610 \div 23$

15 $527 \div 26$

16 $499 \div 16$

17 $750 \div 53$

18 $396 \div 24$

19 $911 \div 28$

20 $703 \div 16$

21 $881 \div 46$

22 $818 \div 64$

23 $668 \div 53$

24 $563 \div 35$

25 275쪽인 책을 하루에 23쪽씩 읽으려고 합니다. 책을 모두 읽으려면 적어도 며칠이 걸리는지 구하세요.

$275 \div 23 = \square \cdots \square$

답 ________

적용

❻ 몫이 두 자리 수인 (세 자리 수)÷(두 자리 수) ②

큰 수를 작은 수로 나누어 몫을 ☐ 안에, 나머지를 ◯ 안에 써넣으세요.

1
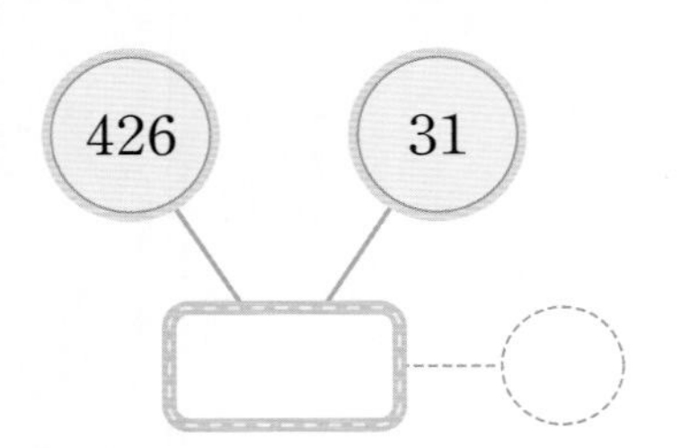

2
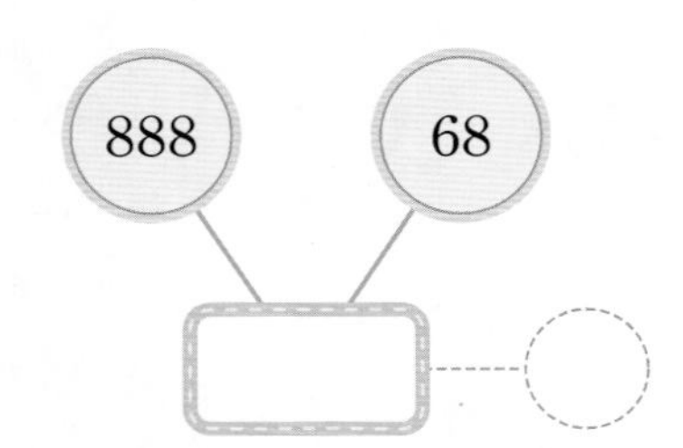

3
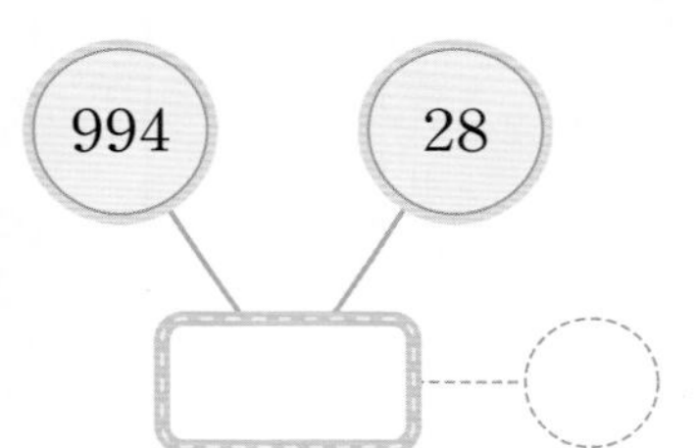

4
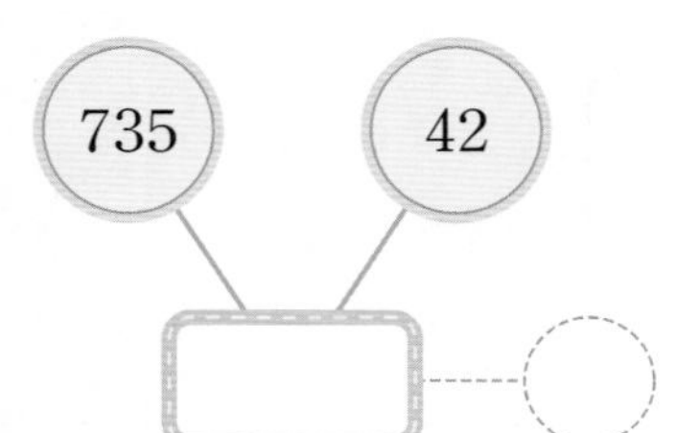

5
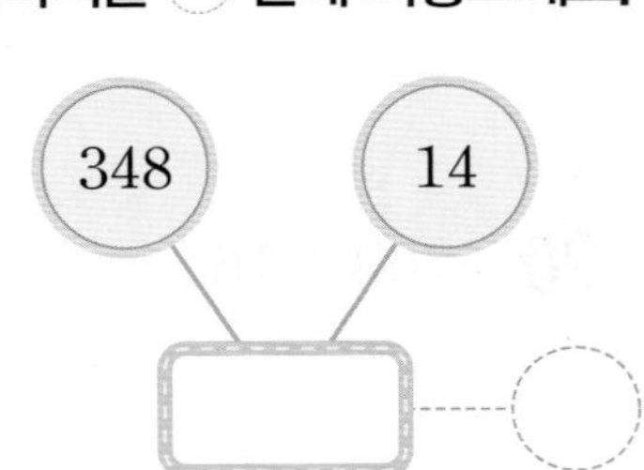

6
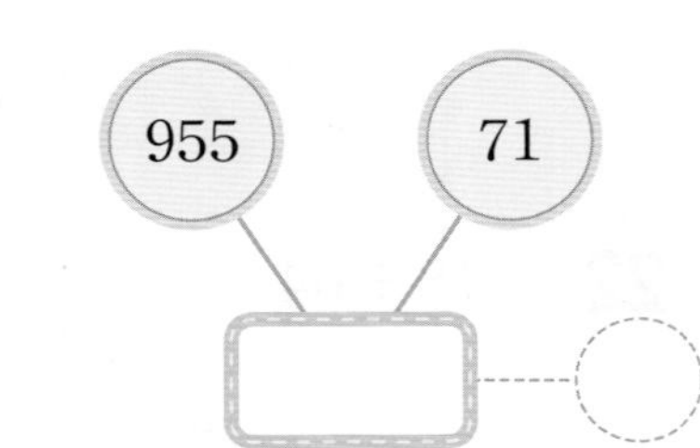

7
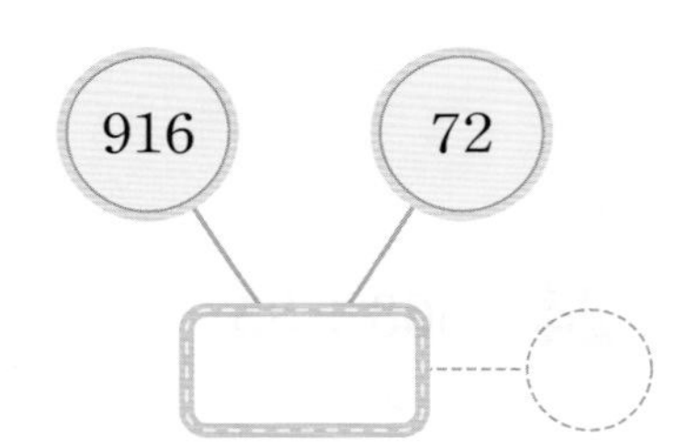

8
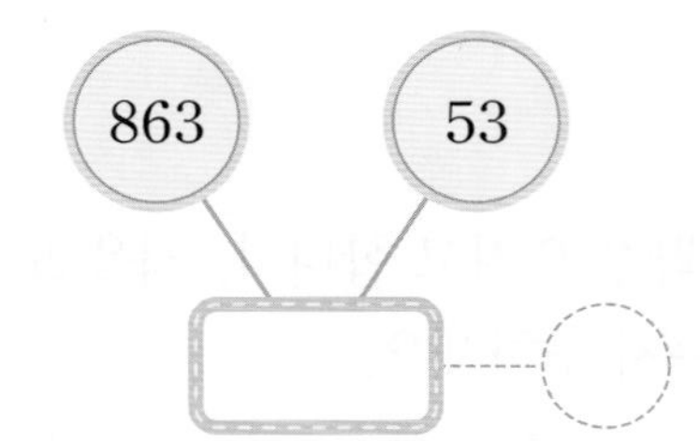

정확성 up!

큰 수를 작은 수로 나눈 몫과 나머지를 구하세요.

9

766 19

몫	나머지

10

498 45

몫	나머지

11

603 33

몫	나머지

12

778 29

몫	나머지

13

542 17

몫	나머지

14

986 44

몫	나머지

15

811 63

몫	나머지

16

851 22

몫	나머지

정확성 **up!**

평가 4. 나눗셈

계산을 하세요.

1 $70\overline{)420}$

2 $60\overline{)540}$

3 $40\overline{)212}$

4 $50\overline{)384}$

5 $19\overline{)82}$

6 $27\overline{)91}$

7 $54\overline{)173}$

8 $66\overline{)304}$

9 $24\overline{)456}$

10 $15\overline{)253}$

11 $17\overline{)651}$

12 $34\overline{)658}$

월 일	분	개
학습 날짜	학습 시간	맞힌 개수

13 $270 \div 30$

14 $640 \div 80$

15 $219 \div 30$

16 $333 \div 40$

17 $516 \div 80$

18 $73 \div 17$

19 $97 \div 24$

20 $77 \div 15$

21 $194 \div 26$

22 $305 \div 64$

23 $661 \div 93$

24 $608 \div 38$

25 $756 \div 42$

26 $522 \div 12$

27 $627 \div 28$

28 $919 \div 53$

큰 수를 작은 수로 나눈 몫을 ( ) 안에 써넣으세요.

29

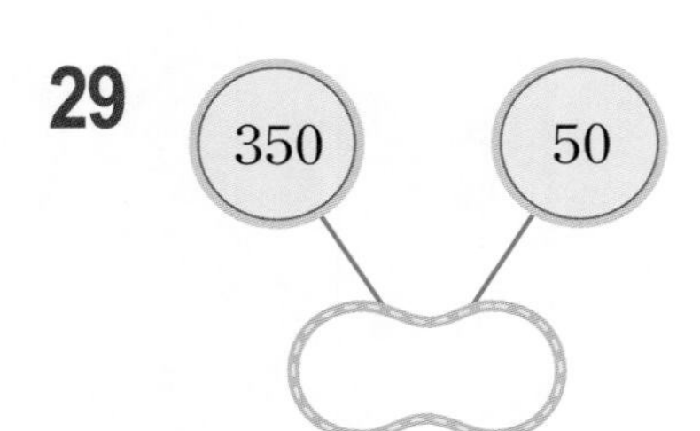

30

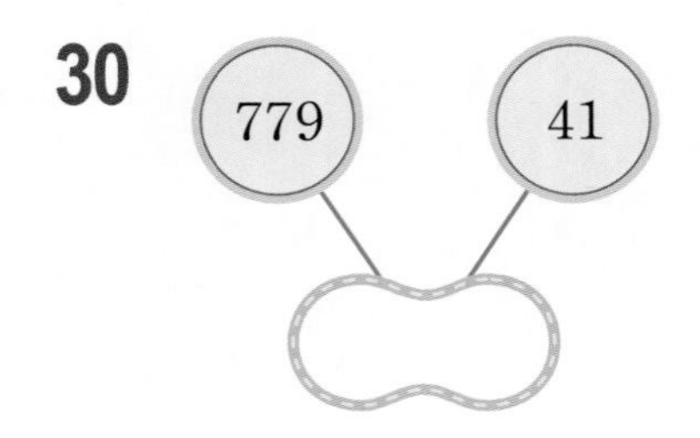

31

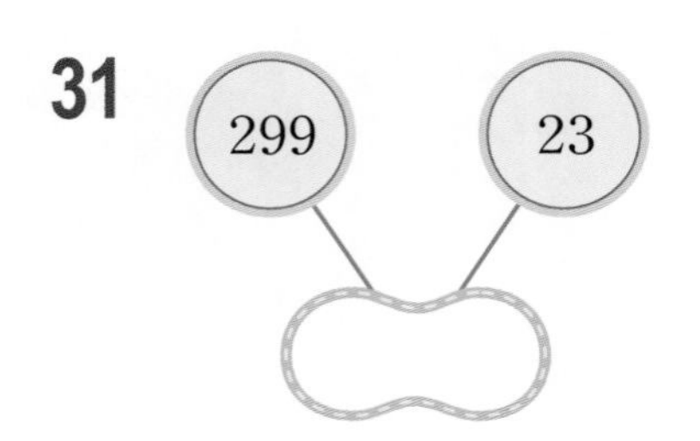

32

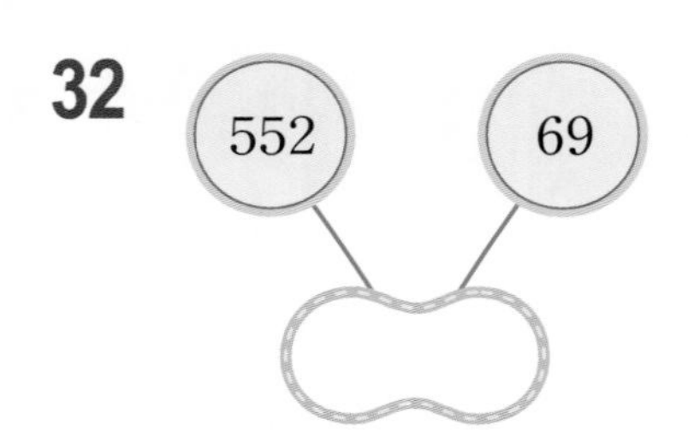

33

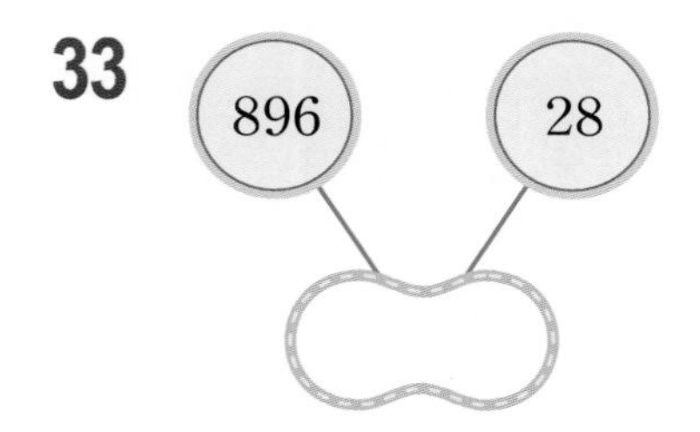

몫은 ( ) 안에, 나머지는 ( ) 안에 써넣으세요.

34 81 → $\div 36$ → ( ), ( )

35 481 → $\div 77$ → ( ), ( )

36 312 → $\div 32$ → ( ), ( )

37 513 → $\div 90$ → ( ), ( )

38 725 → $\div 48$ → ( ), ( )

Memo

Memo

바른 계산, **빠른** 연산!

초능력 수학 연산 4·1

정답 및 풀이

동아출판

1단원 큰 수 ········ 1
2단원 각도 ········ 5
3단원 곱셈 ········ 7
4단원 나눗셈 ········ 13

1 큰 수

8～9쪽 원리 ❶

1 3000, 50, 3000, 50
2 40000, 900, 5, 40000, 900, 5
3 3000, 300, 4, 3000, 300, 4
4 30000, 400, 10, 30000, 400, 10
5 16489
6 80374
7 72757
8 59604
9 34913
10 25768
11 46396
12 8
13 6
14 7
15 1
16 5
17 1
18 9

10～11쪽 연습 ❶

1 삼만 사천이백구십일
2 만 칠천육백사
3 사만 오천백십팔
4 팔만 육천삼백칠십칠
5 칠만 육백사십팔
6 이만 오천구
7 구만 천칠백사
8 42463
9 95197
10 68662
11 20519
12 81004
13 99106
14 50080
15 3000
16 800
17 200
18 50
19 80000
20 9
21 70
22 600
23 50000
24 7000
25 30000
26 4
27 9000, 9000

12～13쪽 원리 ❷

1 7, 40000000, 500000
2 6, 1, 3000000, 80000
3 5, 3, 90000000, 0
4 7, 2, 400000, 40000
5 6240000 또는 624만
6 2480000 또는 248만
7 1460000 또는 146만
8 53390000 또는 5339만
9 13240000 또는 1324만
10 580000 또는 58만
11 81250000 또는 8125만
12 2
13 3
14 2
15 2
16 7
17 2
18 3

14～15쪽 연습 ❷

1 사십구만
2 백구십사만
3 사천오백십팔만
4 육천삼백칠십칠만
5 칠천육백팔십만
6 삼천이백구십일만
7 천칠백사십육만
8 9180000
9 5080000
10 68620000
11 20510000
12 81040000
13 24630000
14 91970000
15 3000000
16 400000
17 30000
18 60000000
19 5000000
20 700000
21 200000
22 9000000
23 800000
24 4000000
25 800000
26 60000
27 700000, 700000

16~17쪽 원리 ❸

1 2, 5, 40000000000, 700000000
2 9, 3, 100000000000, 6000000000
3 5, 6, 0, 900000000
4 2, 2, 300000000000, 80000000000
5 613500000000 또는 6135억
6 16200000000 또는 162억
7 774600000000 또는 7746억
8 215300000000 또는 2153억
9 904200000000 또는 9042억
10 132400000000 또는 1324억
11 483000000000 또는 4830억
12 1
13 5
14 5
15 7
16 1
17 5
18 2

18~19쪽 연습 ❸

1 사백칠십이억
2 구십칠억
3 사천백팔십오억
4 육천칠백삼십삼억
5 칠천팔십오억
6 삼천오백팔십사억 삼천이백일만
7 팔천일억 천칠백육십사만
8 98200000000
9 50300000000
10 626800000000
11 210500000000
12 808400000000
13 79123640000
14 300899710000
15 5000000000
16 400000000
17 30000000000
18 600000000000
19 50000000000
20 700000000
21 9000000000
22 9000000000
23 800000000
24 30000000000
25 7000000000
26 90000000000
27 20000000000, 20000000000

20~21쪽 원리 ❹

1 1, 9, 5000000000000000, 200000000000000
2 4, 7, 300000000000000, 0
3 8, 3, 70000000000000, 9000000000000
4 7492217200000000 또는 7492조 2172억
5 653020800000000 또는 653조 208억
6 29190700000000 또는 29조 1907억
7 188578300000000 또는 188조 5783억
8 2870037200000000 또는 2870조 372억
9 3325007400000000 또는 3325조 74억
10 529598200000000 또는 529조 5982억
11 187
12 4398
13 8835
14 235
15 25
16 5589
17 2460

22~23쪽 연습 ❹

1 오십구조
2 칠백사조
3 천사백오십칠조
4 이천이백칠십육조
5 팔천칠백사조
6 오백사십팔조 이천삼백사십구억
7 구천이백일조 칠천육십사억
8 819000000000000
9 771000000000000
10 6826000000000000
11 1508000000000000
12 8840000000000000
13 7091246400000000
14 3807991400000000
15 5000000000000
16 40000000000000
17 60000000000000
18 800000000000000
19 900000000000000
20 4000000000000
21 90000000000000
22 80000000000000
23 7000000000000
24 200000000000000
25 90000000000000, 90000000000000

24～25쪽 원리 ❺

1 66200, 76200, 86200, 96200
2 544000, 554000, 564000, 574000
3 39180, 49180, 59180, 69180, 79180, 89180
4 470000, 570000, 670000, 770000
5 6645000, 6745000, 6845000, 6945000
6 305400, 405400, 505400, 605400, 705400, 805400
7 2316억, 2416억, 2516억, 2616억
8 489억, 589억, 689억, 789억
9 1670억, 1770억, 1870억, 1970억, 2070억, 2170억
10 3227억, 3527억, 3627억, 3727억
11 7060조, 7070조, 7080조, 7090조
12 62조, 72조, 82조, 92조, 102조
13 343조, 353조, 363조, 373조, 383조, 393조
14 115조, 145조, 155조, 165조

26～27쪽 연습 ❺

1 100000
2 100만
3 10억
4 1억
5 1000조
6 200조
7 100억
8 20조
9 300억
10 5조
11 72300, 82300
12 9384억, 9484억
13 28억 6921만, 28억 7021만
14 84743358, 85743358
15 39조 950억, 39조 960억
16 5조 7409만, 5조 7509만
17 10억 135만, 10억 435만
18 290억, 330억
19 49조, 57조
20 7523만, 1억 523만
21 120000, 150000, 5개월

28～29쪽 원리 ❻

• 위에서부터 답을 채점하세요.

1 2, 4, 5, >
2 8, 8, 1, 0, 5, <
3 6, 9, 7, 8, 1, 1, 7, 4, 2, <
4 3, 9, 1, 2, 4, 0, 0, 6, 0, 1, 4, 7, 2, >
5 3, 2, 1, 8, 3, 5, 0, 2, <
6 5, 2, 7, 4, 6, 5, 2, 4, 9, 8, >
7 4, 2, 7, 0, 5, 4, 2, 7, 5, 0, <
8 7, 4, 1, 3, 7, 4, 0, 8, >
9 6, 9, 4, 8, 2, 7, 6, 9, 0, 9, 8, 4, >

30～31쪽 연습 ❻

1 <
2 >
3 >
4 <
5 <
6 >
7 >
8 >
9 <
10 >
11 >
12 <
13 <
14 >
15 100432
16 7890만
17 2조 4580만
18 15900328
19 662790
20 38800072
21 427조 27억
22 1745조 2990억
23 5억 982만
24 3412007
25 42억 99만
26 5억 7243
27 847000, 노트북

22 1762조 380억 > 1745조 2990억
23 5억 6253만 > 5억 982만
24 3412007 < 3412654
25 42억 470만 > 42억 99만
26 5억 1500만 > 5억 7243
27 876000 > 847000
➡ 노트북이 더 쌉니다.

32~33쪽 적용

1 4, 400
2 2, 2000
3 7, 700000
4 9, 90000
5 8, 8000000
6 2, 20000000000
7 9, 900000000000
8 2, 20000000
9 5, 500000000000000
10 3, 3000000000
11 57000, 67000
12 169200, 189200
13 팔백억, 구백억
14 8조 740억, 8조 770억
15 4561억, 4661억
16 1184조, 1484조
17 3, 2, 1
18 2, 3, 1
19 3, 1, 2
20 1, 3, 2
21 3, 2, 1

8 34720950000
→ 20000000
9 9513000000000000
→ 500000000000000
10 424583162890000
→ 3000000000
11 만의 자리 수가 1씩 커집니다.
12 만의 자리 수가 1씩 커집니다.
13 백억의 자리 수가 1씩 커집니다.
14 십억의 자리 수가 1씩 커집니다.
15 백억의 자리 수가 1씩 커집니다.
16 백조의 자리 수가 1씩 커집니다.
17 80451 < 81270 < 88945
18 54230 < 68270 < 132590
19 312478 < 312695 < 459677
20 789억 < 1245억 < 1294억
21 7489022 < 7489301 < 74826907

34~36쪽 평가

1 사만 이천팔십구
2 육만 육천팔백이십
3 칠천이백육만
4 구천이백이십칠만
5 육천백팔십칠억
6 삼백십사억 육천이백팔십만
7 오십사조 팔백이십일억
8 95402
9 85841
10 51950000
11 20890000
12 147200000000
13 6809830000
14 200074900000000
15 80
16 40000000
17 5000
18 700000000
19 2000000
20 200000000000
21 600000
22 9585만, 9685만, 9785만
23 608561, 708561, 808561
24 2084억, 2184억, 2284억
25 >
26 <
27 436억 1265만
28 51조 693만
29 8, 8000
30 7, 70000
31 6, 600000000000
32 8, 80000000000
33 2, 2000000000000000
34 5, 5000000
35 13000, 53000
36 삼백억, 칠백억
37 130조, 140조
38 2, 3, 1
39 2, 3, 1
40 2, 1, 3

2 각도

38~39쪽 원리 ❶

1	50, 50	11	70, 70
2	70, 70	12	110, 110
3	80, 80	13	120, 120
4	75, 75	14	150, 150
5	110, 110	15	180, 180
6	130, 130	16	165, 165
7	100, 100	17	170, 170
8	130, 130	18	215, 215
9	90, 90	19	190, 190
10	95, 95	20	155, 155

40~41쪽 연습 ❶

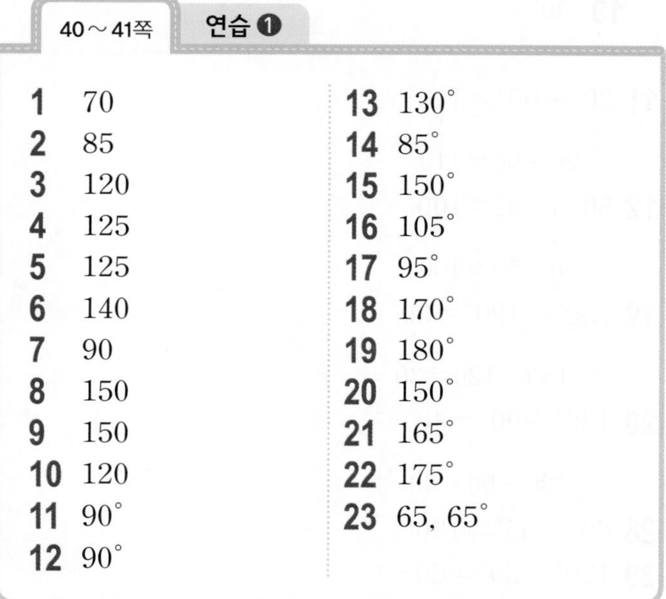

1	70	13	130°
2	85	14	85°
3	120	15	150°
4	125	16	105°
5	125	17	95°
6	140	18	170°
7	90	19	180°
8	150	20	150°
9	150	21	165°
10	120	22	175°
11	90°	23	65, 65°
12	90°		

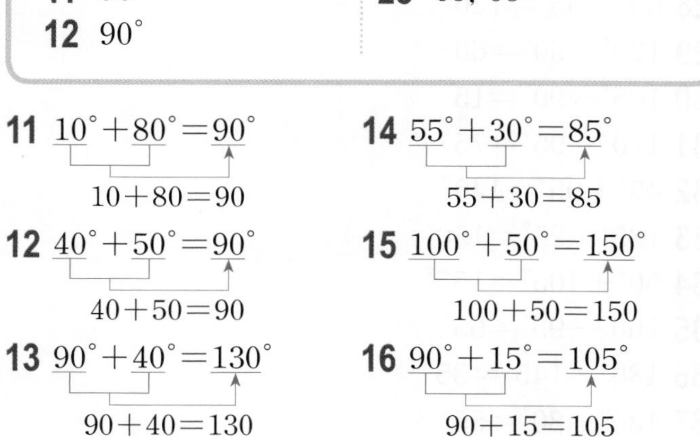

11 $10^\circ+80^\circ=90^\circ$
$10+80=90$

12 $40^\circ+50^\circ=90^\circ$
$40+50=90$

13 $90^\circ+40^\circ=130^\circ$
$90+40=130$

14 $55^\circ+30^\circ=85^\circ$
$55+30=85$

15 $100^\circ+50^\circ=150^\circ$
$100+50=150$

16 $90^\circ+15^\circ=105^\circ$
$90+15=105$

42~43쪽 원리 ❷

1	10, 10	11	15, 15
2	30, 30	12	70, 70
3	40, 40	13	80, 80
4	25, 25	14	65, 65
5	50, 50	15	40, 40
6	70, 70	16	55, 55
7	45, 45	17	80, 80
8	65, 65	18	35, 35
9	45, 45	19	50, 50
10	70, 70	20	55, 55

44~45쪽 연습 ❷

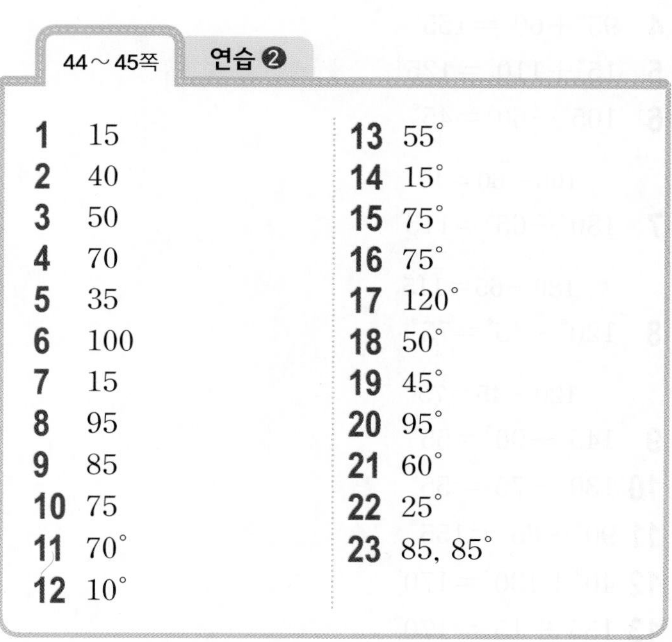

1	15	13	55°
2	40	14	15°
3	50	15	75°
4	70	16	75°
5	35	17	120°
6	100	18	50°
7	15	19	45°
8	95	20	95°
9	85	21	60°
10	75	22	25°
11	70°	23	85, 85°
12	10°		

11 $80^\circ-10^\circ=70^\circ$
$80-10=70$

12 $50^\circ-40^\circ=10^\circ$
$50-40=10$

13 $95^\circ-40^\circ=55^\circ$
$95-40=55$

14 $50^\circ-35^\circ=15^\circ$
$50-35=15$

15 $125^\circ-50^\circ=75^\circ$
$125-50=75$

16 $90^\circ-15^\circ=75^\circ$
$90-15=75$

46～47쪽 적용

1	80	11	155°
2	160	12	170°
3	110	13	170°
4	155	14	160°
5	125	15	155°
6	45	16	60°
7	115	17	85°
8	75	18	75°
9	55	19	90°
10	55	20	65°

1 $50°+30°=80°$
$50+30=80$

2 $80°+80°=160°$
$80+80=160$

3 $75°+35°=110°$

4 $95°+60°=155°$

5 $15°+110°=125°$

6 $105°-60°=45°$
$105-60=45$

7 $180°-65°=115°$
$180-65=115$

8 $120°-45°=75°$
$120-45=75$

9 $145°-90°=55°$

10 $130°-75°=55°$

11 $90°+65°=155°$

12 $40°+130°=170°$

13 $155°+15°=170°$

14 $35°+125°=160°$

15 $80°+75°=155°$

16 $95°-35°=60°$

17 $160°-75°=85°$

18 $105°-30°=75°$

19 $150°-60°=90°$

20 $145°-80°=65°$

48～50쪽 평가

1	100	20	40°
2	120	21	25°
3	115	22	35°
4	130	23	90°
5	115	24	65°
6	80	25	60°
7	55	26	55°
8	30	27	170
9	45	28	120
10	55	29	60
11	110°	30	15
12	100°	31	75
13	160°	32	140°
14	110°	33	150°
15	135°	34	155°
16	130°	35	65°
17	150°	36	35°
18	155°	37	55°
19	30°		

11 $20°+90°=110°$
$20+90=110$

12 $50°+50°=100°$
$50+50=100$

19 $150°-120°=30°$
$150-120=30$

20 $130°-90°=40°$
$130-90=40$

28 $65°+55°=120°$

29 $120°-60°=60°$

30 $105°-90°=15°$

31 $170°-95°=75°$

32 $45°+95°=140°$

33 $125°+25°=150°$

34 $50°+105°=155°$

35 $160°-95°=65°$

36 $180°-145°=35°$

37 $135°-80°=55°$

3 곱셈

52~53쪽 **원리 ❶**

1	12	**13**	18
2	16	**14**	25
3	20	**15**	24
4	28	**16**	56
5	14	**17**	10
6	24	**18**	27
7	36	**19**	40
8	24	**20**	12
9	45	**21**	35
10	21	**22**	72
11	8	**23**	15
12	9	**24**	48

54~55쪽 **연습 ❶**

1	3000	**15**	6000
2	4000	**16**	35000
3	32000	**17**	45000
4	18000	**18**	30000
5	54000	**19**	14000
6	32000	**20**	36000
7	40000	**21**	42000
8	16000	**22**	49000
9	15000	**23**	18000
10	48000	**24**	16000
11	42000	**25**	30000
12	36000	**26**	18000
13	24000	**27**	20000, 20000원
14	64000		

24 $$\begin{array}{r} 800 \\ \times\ 20 \\ \hline 16000 \end{array}$$

26 $$\begin{array}{r} 200 \\ \times\ 90 \\ \hline 18000 \end{array}$$

25 $$\begin{array}{r} 600 \\ \times\ 50 \\ \hline 30000 \end{array}$$

27 $$\begin{array}{r} 400 \\ \times\ 50 \\ \hline 20000 \end{array}$$

56~57쪽 **적용 ❶**

1	2000	**9**	27000
2	12000	**10**	5000
3	28000	**11**	8000
4	10000	**12**	63000
5	56000	**13**	81000
6	63000	**14**	6000
7	72000	**15**	54000
8	12000	**16**	4000

1 $$\begin{array}{r} 200 \\ \times\ 10 \\ \hline 2000 \end{array}$$

2 $$\begin{array}{r} 300 \\ \times\ 40 \\ \hline 12000 \end{array}$$

3 $$\begin{array}{r} 400 \\ \times\ 70 \\ \hline 28000 \end{array}$$

4 $$\begin{array}{r} 500 \\ \times\ 20 \\ \hline 10000 \end{array}$$

5 $$\begin{array}{r} 800 \\ \times\ 70 \\ \hline 56000 \end{array}$$

6 $$\begin{array}{r} 700 \\ \times\ 90 \\ \hline 63000 \end{array}$$

7 $$\begin{array}{r} 900 \\ \times\ 80 \\ \hline 72000 \end{array}$$

8 $$\begin{array}{r} 600 \\ \times\ 20 \\ \hline 12000 \end{array}$$

9 $$\begin{array}{r} 300 \\ \times\ 90 \\ \hline 27000 \end{array}$$

10 $$\begin{array}{r} 500 \\ \times\ 10 \\ \hline 5000 \end{array}$$

11 $$\begin{array}{r} 200 \\ \times\ 40 \\ \hline 8000 \end{array}$$

12 $$\begin{array}{r} 900 \\ \times\ 70 \\ \hline 63000 \end{array}$$

13 $$\begin{array}{r} 900 \\ \times\ 90 \\ \hline 81000 \end{array}$$

14 $$\begin{array}{r} 300 \\ \times\ 20 \\ \hline 6000 \end{array}$$

15 $$\begin{array}{r} 900 \\ \times\ 60 \\ \hline 54000 \end{array}$$

16 $$\begin{array}{r} 400 \\ \times\ 10 \\ \hline 4000 \end{array}$$

58~59쪽 원리 ❷

1	88	13	168
2	123	14	306
3	208	15	189
4	146	16	100
5	48	17	132
6	74	18	92
7	98	19	410
8	252	20	384
9	468	21	684
10	69	22	651
11	86	23	75
12	96	24	256

60~61쪽 연습 ❷

1	7200	15	8100
2	7200	16	19800
3	18400	17	22800
4	54900	18	34200
5	35200	19	15800
6	33200	20	40500
7	44800	21	47600
8	20300	22	32900
9	30400	23	20700
10	33000	24	17800
11	67500	25	32000
12	19200	26	25200
13	28200	27	22500, 22500원
14	67200		

24 $$\begin{array}{r} 890 \\ \times \quad 20 \\ \hline 17800 \end{array}$$

25 $$\begin{array}{r} 640 \\ \times \quad 50 \\ \hline 32000 \end{array}$$

26 $$\begin{array}{r} 280 \\ \times \quad 90 \\ \hline 25200 \end{array}$$

27 $$\begin{array}{r} 450 \\ \times \quad 50 \\ \hline 22500 \end{array}$$

62~63쪽 적용 ❷

1	11500	11	32400
2	15600	12	38500
3	29400	13	52200
4	10200	14	19200
5	11400	15	39000
6	49800	16	51800
7	66600	17	13400
8	67900	18	56400
9	15900	19	24600
10	28800	20	56800

5 $$\begin{array}{r} 190 \\ \times \quad 60 \\ \hline 11400 \end{array}$$

6 $$\begin{array}{r} 830 \\ \times \quad 60 \\ \hline 49800 \end{array}$$

7 $$\begin{array}{r} 740 \\ \times \quad 90 \\ \hline 66600 \end{array}$$

8 $$\begin{array}{r} 970 \\ \times \quad 70 \\ \hline 67900 \end{array}$$

9 $$\begin{array}{r} 530 \\ \times \quad 30 \\ \hline 15900 \end{array}$$

10 $$\begin{array}{r} 720 \\ \times \quad 40 \\ \hline 28800 \end{array}$$

11 $$\begin{array}{r} 360 \\ \times \quad 90 \\ \hline 32400 \end{array}$$

12 $$\begin{array}{r} 550 \\ \times \quad 70 \\ \hline 38500 \end{array}$$

13 $$\begin{array}{r} 870 \\ \times \quad 60 \\ \hline 52200 \end{array}$$

14 $$\begin{array}{r} 480 \\ \times \quad 40 \\ \hline 19200 \end{array}$$

15 $$\begin{array}{r} 650 \\ \times \quad 60 \\ \hline 39000 \end{array}$$

16 $$\begin{array}{r} 740 \\ \times \quad 70 \\ \hline 51800 \end{array}$$

17 $$\begin{array}{r} 670 \\ \times \quad 20 \\ \hline 13400 \end{array}$$

18 $$\begin{array}{r} 940 \\ \times \quad 60 \\ \hline 56400 \end{array}$$

19 $$\begin{array}{r} 820 \\ \times \quad 30 \\ \hline 24600 \end{array}$$

20 $$\begin{array}{r} 710 \\ \times \quad 80 \\ \hline 56800 \end{array}$$

64~65쪽 원리 ❸

1	426	**13**	2177
2	1263	**14**	2620
3	2012	**15**	2528
4	2888	**16**	2775
5	435	**17**	1038
6	2440	**18**	4230
7	3678	**19**	1347
8	2472	**20**	3765
9	4923	**21**	7461
10	1024	**22**	236
11	832	**23**	1935
12	924	**24**	2112

66~67쪽 연습 ❸

1	3740	**15**	7530
2	4880	**16**	18990
3	32320	**17**	22950
4	18640	**18**	31080
5	55170	**19**	15960
6	33680	**20**	40230
7	42560	**21**	43750
8	23840	**22**	33740
9	18850	**23**	19380
10	50320	**24**	17740
11	46320	**25**	34600
12	38160	**26**	24840
13	29580	**27**	7300, 7300일
14	66080		

24 $$\begin{array}{r} 887 \\ \times\ 20 \\ \hline 17740 \end{array}$$

25 $$\begin{array}{r} 692 \\ \times\ 50 \\ \hline 34600 \end{array}$$

26 $$\begin{array}{r} 276 \\ \times\ 90 \\ \hline 24840 \end{array}$$

27 $$\begin{array}{r} 365 \\ \times\ 20 \\ \hline 7300 \end{array}$$

68~69쪽 적용 ❸

1	11050	**11**	33390
2	15320	**12**	36960
3	30730	**13**	51480
4	8040	**14**	22400
5	8200	**15**	16680
6	49500	**16**	51730
7	69930	**17**	13700
8	66710	**18**	58080
9	32600	**19**	23460
10	21480	**20**	40700

5 $$\begin{array}{r} 164 \\ \times\ 50 \\ \hline 8200 \end{array}$$

6 $$\begin{array}{r} 825 \\ \times\ 60 \\ \hline 49500 \end{array}$$

7 $$\begin{array}{r} 777 \\ \times\ 90 \\ \hline 69930 \end{array}$$

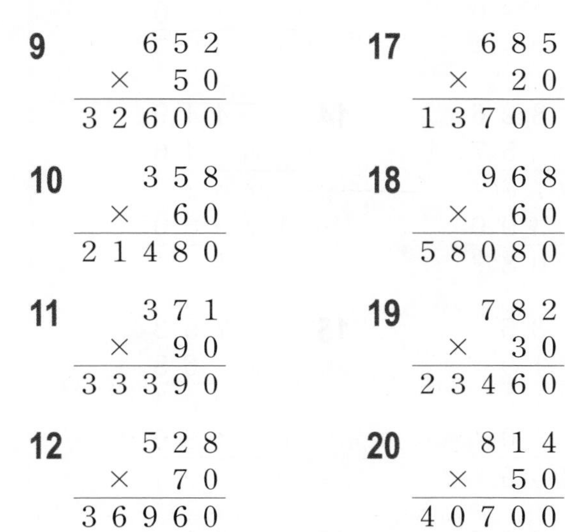

8 $$\begin{array}{r} 953 \\ \times\ 70 \\ \hline 66710 \end{array}$$

9 $$\begin{array}{r} 652 \\ \times\ 50 \\ \hline 32600 \end{array}$$

10 $$\begin{array}{r} 358 \\ \times\ 60 \\ \hline 21480 \end{array}$$

11 $$\begin{array}{r} 371 \\ \times\ 90 \\ \hline 33390 \end{array}$$

12 $$\begin{array}{r} 528 \\ \times\ 70 \\ \hline 36960 \end{array}$$

13 $$\begin{array}{r} 858 \\ \times\ 60 \\ \hline 51480 \end{array}$$

14 $$\begin{array}{r} 448 \\ \times\ 50 \\ \hline 22400 \end{array}$$

15 $$\begin{array}{r} 556 \\ \times\ 30 \\ \hline 16680 \end{array}$$

16 $$\begin{array}{r} 739 \\ \times\ 70 \\ \hline 51730 \end{array}$$

17 $$\begin{array}{r} 685 \\ \times\ 20 \\ \hline 13700 \end{array}$$

18 $$\begin{array}{r} 968 \\ \times\ 60 \\ \hline 58080 \end{array}$$

19 $$\begin{array}{r} 782 \\ \times\ 30 \\ \hline 23460 \end{array}$$

20 $$\begin{array}{r} 814 \\ \times\ 50 \\ \hline 40700 \end{array}$$

70~71쪽 원리 ❹

1
$$\begin{array}{r} 243 \\ \times \quad 31 \\ \hline 243 \\ 7290 \\ \hline 7533 \end{array}$$

2
$$\begin{array}{r} 412 \\ \times \quad 22 \\ \hline 824 \\ 8240 \\ \hline 9064 \end{array}$$

3
$$\begin{array}{r} 512 \\ \times \quad 44 \\ \hline 2048 \\ 20480 \\ \hline 22528 \end{array}$$

4
$$\begin{array}{r} 315 \\ \times \quad 83 \\ \hline 945 \\ 25200 \\ \hline 26145 \end{array}$$

5
$$\begin{array}{r} 623 \\ \times \quad 67 \\ \hline 4361 \\ 37380 \\ \hline 41741 \end{array}$$

6
$$\begin{array}{r} 826 \\ \times \quad 57 \\ \hline 5782 \\ 41300 \\ \hline 47082 \end{array}$$

7
$$\begin{array}{r} 435 \\ \times \quad 19 \\ \hline 3915 \\ 4350 \\ \hline 8265 \end{array}$$

8
$$\begin{array}{r} 325 \\ \times \quad 38 \\ \hline 2600 \\ 9750 \\ \hline 12350 \end{array}$$

9
$$\begin{array}{r} 654 \\ \times \quad 42 \\ \hline 1308 \\ 26160 \\ \hline 27468 \end{array}$$

10
$$\begin{array}{r} 149 \\ \times \quad 77 \\ \hline 1043 \\ 10430 \\ \hline 11473 \end{array}$$

11
$$\begin{array}{r} 535 \\ \times \quad 23 \\ \hline 1605 \\ 10700 \\ \hline 12305 \end{array}$$

12
$$\begin{array}{r} 925 \\ \times \quad 32 \\ \hline 1850 \\ 27750 \\ \hline 29600 \end{array}$$

13
$$\begin{array}{r} 875 \\ \times \quad 53 \\ \hline 2625 \\ 43750 \\ \hline 46375 \end{array}$$

14
$$\begin{array}{r} 449 \\ \times \quad 46 \\ \hline 2694 \\ 17960 \\ \hline 20654 \end{array}$$

15
$$\begin{array}{r} 753 \\ \times \quad 68 \\ \hline 6024 \\ 45180 \\ \hline 51204 \end{array}$$

16
$$\begin{array}{r} 121 \\ \times \quad 25 \\ \hline 605 \\ 2420 \\ \hline 3025 \end{array}$$

72~73쪽 연습 ❹

1
$$\begin{array}{r} 366 \\ \times \quad 17 \\ \hline 2562 \\ 366 \\ \hline 6222 \end{array}$$

2
$$\begin{array}{r} 257 \\ \times \quad 29 \\ \hline 2313 \\ 514 \\ \hline 7453 \end{array}$$

3
$$\begin{array}{r} 453 \\ \times \quad 88 \\ \hline 3624 \\ 3624 \\ \hline 39864 \end{array}$$

4
$$\begin{array}{r} 638 \\ \times \quad 91 \\ \hline 638 \\ 5742 \\ \hline 58058 \end{array}$$

5
$$\begin{array}{r} 832 \\ \times \quad 46 \\ \hline 4992 \\ 3328 \\ \hline 38272 \end{array}$$

6
$$\begin{array}{r} 528 \\ \times \quad 73 \\ \hline 1584 \\ 3696 \\ \hline 38544 \end{array}$$

7
$$\begin{array}{r} 282 \\ \times \quad 89 \\ \hline 2538 \\ 2256 \\ \hline 25098 \end{array}$$

8
$$\begin{array}{r} 354 \\ \times \quad 56 \\ \hline 2124 \\ 1770 \\ \hline 19824 \end{array}$$

9
$$\begin{array}{r} 734 \\ \times \quad 69 \\ \hline 6606 \\ 4404 \\ \hline 50646 \end{array}$$

10
$$\begin{array}{r} 946 \\ \times \quad 43 \\ \hline 2838 \\ 3784 \\ \hline 40678 \end{array}$$

11
$$\begin{array}{r} 468 \\ \times \quad 77 \\ \hline 3276 \\ 3276 \\ \hline 36036 \end{array}$$

12
$$\begin{array}{r} 836 \\ \times \quad 39 \\ \hline 7524 \\ 2508 \\ \hline 32604 \end{array}$$

13
$$\begin{array}{r} 542 \\ \times \quad 36 \\ \hline 3252 \\ 1626 \\ \hline 19512 \end{array}$$

14
$$\begin{array}{r} 726 \\ \times \quad 25 \\ \hline 3630 \\ 1452 \\ \hline 18150 \end{array}$$

15
$$\begin{array}{r} 342 \\ \times \quad 36 \\ \hline 2052 \\ 1026 \\ \hline 12312 \end{array}$$

16 8170
17 11441
18 29172
19 26362
20 39192
21 45648
22 25346
23 22272
24 22464
25 35478
26 2436, 2436번

21
```
  634
×  72
 1268
4438
45648
```

24
```
  864
×  26
 5184
1728
22464
```

22
```
  437
×  58
 3496
2185
25346
```

25
```
  657
×  54
 2628
3285
35478
```

23
```
  348
×  64
 1392
2088
22272
```

26
```
 203
× 12
 406
203
2436
```

74~75쪽 적용 ❹

1 13992
2 16779
3 32234
4 19705
5 5460
6 51408
7 74205
8 61908
9 13944
10 13100
11 33304
12 31464
13 57392
14 20306
15 21022
16 55574
17 17334
18 41932
19 18057
20 20832

1
```
  264
×  53
  792
1320
13992
```

11
```
  362
×  92
  724
3258
33304
```

2
```
  357
×  47
 2499
1428
16779
```

3
```
  454
×  71
  454
3178
32234
```

4
```
  563
×  35
 2815
1689
19705
```

5
```
 156
× 35
 780
468
5460
```

6
```
  816
×  63
 2448
4896
51408
```

7
```
  765
×  97
 5355
6885
74205
```

8
```
  938
×  66
 5628
5628
61908
```

9
```
  498
×  28
 3984
 996
13944
```

10
```
  524
×  25
 2620
1048
13100
```

12
```
  552
×  57
 3864
2760
31464
```

13
```
  844
×  68
 6752
5064
57392
```

14
```
  781
×  26
 4686
1562
20306
```

15
```
  914
×  23
 2742
1828
21022
```

16
```
  751
×  74
 3004
5257
55574
```

17
```
  642
×  27
 4494
1284
17334
```

18
```
  953
×  44
 3812
3812
41932
```

19
```
  463
×  39
 4167
1389
18057
```

20
```
  336
×  62
  672
2016
20832
```

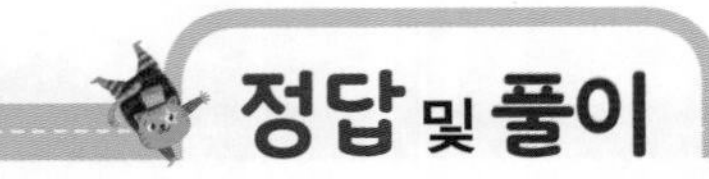

76~78쪽 평가

1 24000
2 42000
3 12800
4 14000
5 16800
6 8480
7 33530
8 $\begin{array}{r} 663 \\ \times\ 27 \\ \hline 4641 \\ 1326 \\ \hline 17901 \end{array}$
9 $\begin{array}{r} 517 \\ \times\ 83 \\ \hline 1551 \\ 4136 \\ \hline 42911 \end{array}$
10 $\begin{array}{r} 746 \\ \times\ 93 \\ \hline 2238 \\ 6714 \\ \hline 69378 \end{array}$

11 14000
12 16000
13 72000
14 20000
15 26100
16 12600
17 25900
18 20320
19 26910
20 34920
21 21665
22 14768
23 41748
24 20076
25 18600
26 19110
27 45864
28 10104
29 12696
30 27760
31 5070
32 40976
33 20757
34 9126

11 $\begin{array}{r} 200 \\ \times\ 70 \\ \hline 14000 \end{array}$

12 $\begin{array}{r} 400 \\ \times\ 40 \\ \hline 16000 \end{array}$

13 $\begin{array}{r} 900 \\ \times\ 80 \\ \hline 72000 \end{array}$

23 $\begin{array}{r} 852 \\ \times\ 49 \\ \hline 7668 \\ 3408 \\ \hline 41748 \end{array}$

24 $\begin{array}{r} 717 \\ \times\ 28 \\ \hline 5736 \\ 1434 \\ \hline 20076 \end{array}$

25 $\begin{array}{r} 620 \\ \times\ 30 \\ \hline 18600 \end{array}$

14 $\begin{array}{r} 400 \\ \times\ 50 \\ \hline 20000 \end{array}$

15 $\begin{array}{r} 290 \\ \times\ 90 \\ \hline 26100 \end{array}$

16 $\begin{array}{r} 420 \\ \times\ 30 \\ \hline 12600 \end{array}$

17 $\begin{array}{r} 370 \\ \times\ 70 \\ \hline 25900 \end{array}$

18 $\begin{array}{r} 508 \\ \times\ 40 \\ \hline 20320 \end{array}$

19 $\begin{array}{r} 299 \\ \times\ 90 \\ \hline 26910 \end{array}$

20 $\begin{array}{r} 873 \\ \times\ 40 \\ \hline 34920 \end{array}$

21 $\begin{array}{r} 619 \\ \times\ 35 \\ \hline 3095 \\ 1857 \\ \hline 21665 \end{array}$

22 $\begin{array}{r} 568 \\ \times\ 26 \\ \hline 3408 \\ 1136 \\ \hline 14768 \end{array}$

26 $\begin{array}{r} 273 \\ \times\ 70 \\ \hline 19110 \end{array}$

27 $\begin{array}{r} 819 \\ \times\ 56 \\ \hline 4914 \\ 4095 \\ \hline 45864 \end{array}$

28 $\begin{array}{r} 421 \\ \times\ 24 \\ \hline 1684 \\ 842 \\ \hline 10104 \end{array}$

29 $\begin{array}{r} 276 \\ \times\ 46 \\ \hline 1656 \\ 1104 \\ \hline 12696 \end{array}$

30 $\begin{array}{r} 694 \\ \times\ 40 \\ \hline 27760 \end{array}$

31 $\begin{array}{r} 195 \\ \times\ 26 \\ \hline 1170 \\ 390 \\ \hline 5070 \end{array}$

32 $\begin{array}{r} 788 \\ \times\ 52 \\ \hline 1576 \\ 3940 \\ \hline 40976 \end{array}$

33 $\begin{array}{r} 629 \\ \times\ 33 \\ \hline 1887 \\ 1887 \\ \hline 20757 \end{array}$

34 $\begin{array}{r} 351 \\ \times\ 26 \\ \hline 2106 \\ 702 \\ \hline 9126 \end{array}$

4 나눗셈

80~81쪽 원리 ❶

1 $\begin{array}{r} 6 \\ 20\overline{)1\,2\,0} \\ 1\,2\,0 \\ \hline 0 \end{array}$

2 $\begin{array}{r} 4 \\ 40\overline{)1\,6\,0} \\ 1\,6\,0 \\ \hline 0 \end{array}$

3 $\begin{array}{r} 5 \\ 50\overline{)2\,5\,0} \\ 2\,5\,0 \\ \hline 0 \end{array}$

4 $\begin{array}{r} 4 \\ 70\overline{)2\,8\,0} \\ 2\,8\,0 \\ \hline 0 \end{array}$

5 $\begin{array}{r} 3 \\ 80\overline{)2\,4\,0} \\ 2\,4\,0 \\ \hline 0 \end{array}$

6 $\begin{array}{r} 6 \\ 60\overline{)3\,6\,0} \\ 3\,6\,0 \\ \hline 0 \end{array}$

7 $\begin{array}{r} 9 \\ 30\overline{)2\,7\,0} \\ 2\,7\,0 \\ \hline 0 \end{array}$

8 $\begin{array}{r} 5 \\ 90\overline{)4\,5\,0} \\ 4\,5\,0 \\ \hline 0 \end{array}$

9 $\begin{array}{r} 8 \\ 20\overline{)1\,6\,0} \\ 1\,6\,0 \\ \hline 0 \end{array}$

10 $\begin{array}{r} 5 \\ 30\overline{)1\,5\,0} \\ 1\,5\,0 \\ \hline 0 \end{array}$

11 $\begin{array}{r} 3 \\ 70\overline{)2\,1\,0} \\ 2\,1\,0 \\ \hline 0 \end{array}$

12 $\begin{array}{r} 7 \\ 50\overline{)3\,5\,0} \\ 3\,5\,0 \\ \hline 0 \end{array}$

13 $\begin{array}{r} 4 \\ 60\overline{)2\,4\,0} \\ 2\,4\,0 \\ \hline 0 \end{array}$

14 $\begin{array}{r} 4 \\ 30\overline{)1\,2\,0} \\ 1\,2\,0 \\ \hline 0 \end{array}$

15 $\begin{array}{r} 3 \\ 90\overline{)2\,7\,0} \\ 2\,7\,0 \\ \hline 0 \end{array}$

16 $\begin{array}{r} 6 \\ 80\overline{)4\,8\,0} \\ 4\,8\,0 \\ \hline 0 \end{array}$

17 $\begin{array}{r} 3 \\ 40\overline{)1\,2\,0} \\ 1\,2\,0 \\ \hline 0 \end{array}$

18 $\begin{array}{r} 5 \\ 70\overline{)3\,5\,0} \\ 3\,5\,0 \\ \hline 0 \end{array}$

19 $\begin{array}{r} 8 \\ 90\overline{)7\,2\,0} \\ 7\,2\,0 \\ \hline 0 \end{array}$

20 $\begin{array}{r} 8 \\ 40\overline{)3\,2\,0} \\ 3\,2\,0 \\ \hline 0 \end{array}$

82~83쪽 연습 ❶

1 $\begin{array}{r} 2 \\ 80\overline{)1\,6\,0} \\ 1\,6\,0 \\ \hline 0 \end{array}$

2 $\begin{array}{r} 6 \\ 30\overline{)1\,8\,0} \\ 1\,8\,0 \\ \hline 0 \end{array}$

3 $\begin{array}{r} 4 \\ 80\overline{)3\,2\,0} \\ 3\,2\,0 \\ \hline 0 \end{array}$

4 $\begin{array}{r} 2 \\ 90\overline{)1\,8\,0} \\ 1\,8\,0 \\ \hline 0 \end{array}$

5 $\begin{array}{r} 9 \\ 60\overline{)5\,4\,0} \\ 5\,4\,0 \\ \hline 0 \end{array}$

6 $\begin{array}{r} 8 \\ 80\overline{)6\,4\,0} \\ 6\,4\,0 \\ \hline 0 \end{array}$

7 $\begin{array}{r} 2 \\ 70\overline{)1\,4\,0} \\ 1\,4\,0 \\ \hline 0 \end{array}$

8 $\begin{array}{r} 7 \\ 60\overline{)4\,2\,0} \\ 4\,2\,0 \\ \hline 0 \end{array}$

9 $\begin{array}{r} 8 \\ 60\overline{)4\,8\,0} \\ 4\,8\,0 \\ \hline 0 \end{array}$

10 $\begin{array}{r} 6 \\ 70\overline{)4\,2\,0} \\ 4\,2\,0 \\ \hline 0 \end{array}$

11 $\begin{array}{r} 4 \\ 90\overline{)3\,6\,0} \\ 3\,6\,0 \\ \hline 0 \end{array}$

12 $\begin{array}{r} 6 \\ 40\overline{)2\,4\,0} \\ 2\,4\,0 \\ \hline 0 \end{array}$

13 7
14 3
15 7
16 7
17 3
18 7
19 9
20 9
21 9
22 6
23 8
24 8
25 9, 9일

20 $\begin{array}{r} 9 \\ 80\overline{)7\,2\,0} \\ 7\,2\,0 \\ \hline 0 \end{array}$

21 $\begin{array}{r} 9 \\ 70\overline{)6\,3\,0} \\ 6\,3\,0 \\ \hline 0 \end{array}$

22 $\begin{array}{r} 6 \\ 90\overline{)5\,4\,0} \\ 5\,4\,0 \\ \hline 0 \end{array}$

23 $\begin{array}{r} 8 \\ 70\overline{)5\,6\,0} \\ 5\,6\,0 \\ \hline 0 \end{array}$

24 $\begin{array}{r} 8 \\ 30\overline{)2\,4\,0} \\ 2\,4\,0 \\ \hline 0 \end{array}$

25 $\begin{array}{r} 9 \\ 20\overline{)1\,8\,0} \\ 1\,8\,0 \\ \hline 0 \end{array}$

84～85쪽 적용 ❶

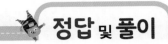

1 2
2 9
3 6
4 4
5 8
6 3
7 9
8 7
9 4
10 5
11 8
12 3
13 5
14 5
15 8
16 7

3 $480 \div 80 = 6$

$$\begin{array}{r} 6 \\ 80\overline{)480} \\ 480 \\ \hline 0 \end{array}$$

4 $280 \div 70 = 4$

$$\begin{array}{r} 4 \\ 70\overline{)280} \\ 280 \\ \hline 0 \end{array}$$

5 $160 \div 20 = 8$

$$\begin{array}{r} 8 \\ 20\overline{)160} \\ 160 \\ \hline 0 \end{array}$$

6 $270 \div 90 = 3$

$$\begin{array}{r} 3 \\ 90\overline{)270} \\ 270 \\ \hline 0 \end{array}$$

7 $810 \div 90 = 9$

$$\begin{array}{r} 9 \\ 90\overline{)810} \\ 810 \\ \hline 0 \end{array}$$

8 $210 \div 30 = 7$

$$\begin{array}{r} 7 \\ 30\overline{)210} \\ 210 \\ \hline 0 \end{array}$$

9 $320 \div 80 = 4$

$$\begin{array}{r} 4 \\ 80\overline{)320} \\ 320 \\ \hline 0 \end{array}$$

10 $250 \div 50 = 5$

$$\begin{array}{r} 5 \\ 50\overline{)250} \\ 250 \\ \hline 0 \end{array}$$

11 $480 \div 60 = 8$

$$\begin{array}{r} 8 \\ 60\overline{)480} \\ 480 \\ \hline 0 \end{array}$$

12 $240 \div 80 = 3$

$$\begin{array}{r} 3 \\ 80\overline{)240} \\ 240 \\ \hline 0 \end{array}$$

13 $450 \div 90 = 5$

$$\begin{array}{r} 5 \\ 90\overline{)450} \\ 450 \\ \hline 0 \end{array}$$

14 $150 \div 30 = 5$

$$\begin{array}{r} 5 \\ 30\overline{)150} \\ 150 \\ \hline 0 \end{array}$$

15 $720 \div 90 = 8$

$$\begin{array}{r} 8 \\ 90\overline{)720} \\ 720 \\ \hline 0 \end{array}$$

16 $140 \div 20 = 7$

$$\begin{array}{r} 7 \\ 20\overline{)140} \\ 140 \\ \hline 0 \end{array}$$

86～87쪽 원리 ❷

1
$$\begin{array}{r} 6 \\ 40\overline{)245} \\ 240 \\ \hline 5 \end{array}$$

2
$$\begin{array}{r} 7 \\ 60\overline{)434} \\ 420 \\ \hline 14 \end{array}$$

3
$$\begin{array}{r} 7 \\ 80\overline{)581} \\ 560 \\ \hline 21 \end{array}$$

4
$$\begin{array}{r} 6 \\ 50\overline{)336} \\ 300 \\ \hline 36 \end{array}$$

5
$$\begin{array}{r} 9 \\ 40\overline{)372} \\ 360 \\ \hline 12 \end{array}$$

6
$$\begin{array}{r} 2 \\ 70\overline{)207} \\ 140 \\ \hline 67 \end{array}$$

7
$$\begin{array}{r} 9 \\ 90\overline{)842} \\ 810 \\ \hline 32 \end{array}$$

8
$$\begin{array}{r} 8 \\ 60\overline{)525} \\ 480 \\ \hline 45 \end{array}$$

9
$$\begin{array}{r} 7 \\ 20\overline{)156} \\ 140 \\ \hline 16 \end{array}$$

10
$$\begin{array}{r} 5 \\ 60\overline{)315} \\ 300 \\ \hline 15 \end{array}$$

11
$$\begin{array}{r} 8 \\ 50\overline{)428} \\ 400 \\ \hline 28 \end{array}$$

12
$$\begin{array}{r} 7 \\ 70\overline{)519} \\ 490 \\ \hline 29 \end{array}$$

13
$$\begin{array}{r} 9 \\ 40\overline{)362} \\ 360 \\ \hline 2 \end{array}$$

14
$$\begin{array}{r} 7 \\ 80\overline{)614} \\ 560 \\ \hline 54 \end{array}$$

15
$$\begin{array}{r} 9 \\ 50\overline{)477} \\ 450 \\ \hline 27 \end{array}$$

16
$$\begin{array}{r} 7 \\ 30\overline{)233} \\ 210 \\ \hline 23 \end{array}$$

17
$$\begin{array}{r} 6 \\ 80\overline{)485} \\ 480 \\ \hline 5 \end{array}$$

18
$$\begin{array}{r} 8 \\ 90\overline{)767} \\ 720 \\ \hline 47 \end{array}$$

19
$$\begin{array}{r} 8 \\ 70\overline{)629} \\ 560 \\ \hline 69 \end{array}$$

20
$$\begin{array}{r} 6 \\ 20\overline{)134} \\ 120 \\ \hline 14 \end{array}$$

88~89쪽 연습 ❷

1 $$\begin{array}{r} 8 \\ 30\overline{)247} \\ 240 \\ \hline 7 \end{array}$$

2 $$\begin{array}{r} 4 \\ 40\overline{)184} \\ 160 \\ \hline 24 \end{array}$$

3 $$\begin{array}{r} 4 \\ 70\overline{)296} \\ 280 \\ \hline 16 \end{array}$$

4 $$\begin{array}{r} 5 \\ 80\overline{)443} \\ 400 \\ \hline 43 \end{array}$$

5 $$\begin{array}{r} 6 \\ 60\overline{)385} \\ 360 \\ \hline 25 \end{array}$$

6 $$\begin{array}{r} 6 \\ 90\overline{)569} \\ 540 \\ \hline 29 \end{array}$$

7 $$\begin{array}{r} 4 \\ 70\overline{)291} \\ 280 \\ \hline 11 \end{array}$$

8 $$\begin{array}{r} 4 \\ 80\overline{)388} \\ 320 \\ \hline 68 \end{array}$$

9 $$\begin{array}{r} 6 \\ 30\overline{)201} \\ 180 \\ \hline 21 \end{array}$$

10 $$\begin{array}{r} 8 \\ 90\overline{)754} \\ 720 \\ \hline 34 \end{array}$$

11 $$\begin{array}{r} 6 \\ 90\overline{)611} \\ 540 \\ \hline 71 \end{array}$$

12 $$\begin{array}{r} 6 \\ 80\overline{)526} \\ 480 \\ \hline 46 \end{array}$$

13 7…25
14 6…13
15 4…36
16 9…24
17 9…29
18 8…27
19 7…7
20 5…25
21 6…26
22 4…66
23 6…52
24 9…8
25 9, 22, 9상자에 담을 수 있고 22개가 남습니다.

22 $$\begin{array}{r} 4 \\ 90\overline{)426} \\ 360 \\ \hline 66 \end{array}$$

23 $$\begin{array}{r} 6 \\ 60\overline{)412} \\ 360 \\ \hline 52 \end{array}$$

24 $$\begin{array}{r} 9 \\ 70\overline{)638} \\ 630 \\ \hline 8 \end{array}$$

25 $$\begin{array}{r} 9 \\ 30\overline{)292} \\ 270 \\ \hline 22 \end{array}$$

90~91쪽 적용 ❷

1 2, 4
2 9, 8
3 7, 17
4 8, 4
5 7, 13
6 9, 18
7 4, 51
8 9, 14
9 8, 11
10 6, 23
11 4, 8
12 9, 15
13 5, 42
14 8, 32
15 8, 41
16 7, 9

3 $227 \div 30 = 7 \cdots 17$
$$\begin{array}{r} 7 \\ 30\overline{)227} \\ 210 \\ \hline 17 \end{array}$$

4 $324 \div 40 = 8 \cdots 4$
$$\begin{array}{r} 8 \\ 40\overline{)324} \\ 320 \\ \hline 4 \end{array}$$

5 $503 \div 70 = 7 \cdots 13$
$$\begin{array}{r} 7 \\ 70\overline{)503} \\ 490 \\ \hline 13 \end{array}$$

6 $468 \div 50 = 9 \cdots 18$
$$\begin{array}{r} 9 \\ 50\overline{)468} \\ 450 \\ \hline 18 \end{array}$$

7 $411 \div 90 = 4 \cdots 51$
$$\begin{array}{r} 4 \\ 90\overline{)411} \\ 360 \\ \hline 51 \end{array}$$

8 $554 \div 60 = 9 \cdots 14$
$$\begin{array}{r} 9 \\ 60\overline{)554} \\ 540 \\ \hline 14 \end{array}$$

9 $171 \div 20 = 8 \cdots 11$
$$\begin{array}{r} 8 \\ 20\overline{)171} \\ 160 \\ \hline 11 \end{array}$$

10 $263 \div 40 = 6 \cdots 23$
$$\begin{array}{r} 6 \\ 40\overline{)263} \\ 240 \\ \hline 23 \end{array}$$

11 $368 \div 90 = 4 \cdots 8$
$$\begin{array}{r} 4 \\ 90\overline{)368} \\ 360 \\ \hline 8 \end{array}$$

12 $285 \div 30 = 9 \cdots 15$
$$\begin{array}{r} 9 \\ 30\overline{)285} \\ 270 \\ \hline 15 \end{array}$$

13 $442 \div 80 = 5 \cdots 42$
$$\begin{array}{r} 5 \\ 80\overline{)442} \\ 400 \\ \hline 42 \end{array}$$

14 $512 \div 60 = 8 \cdots 32$
$$\begin{array}{r} 8 \\ 60\overline{)512} \\ 480 \\ \hline 32 \end{array}$$

15 $601 \div 70 = 8 \cdots 41$
$$\begin{array}{r} 8 \\ 70\overline{)601} \\ 560 \\ \hline 41 \end{array}$$

16 $359 \div 50 = 7 \cdots 9$
$$\begin{array}{r} 7 \\ 50\overline{)359} \\ 350 \\ \hline 9 \end{array}$$

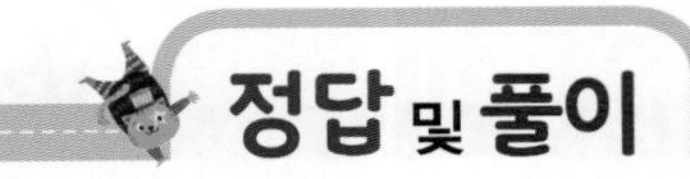

92~93쪽 원리 ❸

1 $$\begin{array}{r} 6 \\ 12\overline{)72} \\ 72 \\ \hline 0 \end{array}$$

2 $$\begin{array}{r} 4 \\ 24\overline{)96} \\ 96 \\ \hline 0 \end{array}$$

3 $$\begin{array}{r} 7 \\ 13\overline{)91} \\ 91 \\ \hline 0 \end{array}$$

4 $$\begin{array}{r} 2 \\ 35\overline{)70} \\ 70 \\ \hline 0 \end{array}$$

5 $$\begin{array}{r} 3 \\ 26\overline{)78} \\ 78 \\ \hline 0 \end{array}$$

6 $$\begin{array}{r} 5 \\ 19\overline{)95} \\ 95 \\ \hline 0 \end{array}$$

7 $$\begin{array}{r} 3 \\ 15\overline{)45} \\ 45 \\ \hline 0 \end{array}$$

8 $$\begin{array}{r} 2 \\ 27\overline{)54} \\ 54 \\ \hline 0 \end{array}$$

9 $$\begin{array}{r} 3 \\ 14\overline{)45} \\ 42 \\ \hline 3 \end{array}$$

10 $$\begin{array}{r} 2 \\ 37\overline{)76} \\ 74 \\ \hline 2 \end{array}$$

11 $$\begin{array}{r} 3 \\ 26\overline{)83} \\ 78 \\ \hline 5 \end{array}$$

12 $$\begin{array}{r} 4 \\ 19\overline{)79} \\ 76 \\ \hline 3 \end{array}$$

13 $$\begin{array}{r} 2 \\ 25\overline{)53} \\ 50 \\ \hline 3 \end{array}$$

14 $$\begin{array}{r} 5 \\ 11\overline{)65} \\ 55 \\ \hline 10 \end{array}$$

15 $$\begin{array}{r} 3 \\ 29\overline{)94} \\ 87 \\ \hline 7 \end{array}$$

16 $$\begin{array}{r} 3 \\ 12\overline{)39} \\ 36 \\ \hline 3 \end{array}$$

17 $$\begin{array}{r} 2 \\ 28\overline{)71} \\ 56 \\ \hline 15 \end{array}$$

18 $$\begin{array}{r} 5 \\ 15\overline{)88} \\ 75 \\ \hline 13 \end{array}$$

19 $$\begin{array}{r} 4 \\ 12\overline{)49} \\ 48 \\ \hline 1 \end{array}$$

20 $$\begin{array}{r} 4 \\ 13\overline{)60} \\ 52 \\ \hline 8 \end{array}$$

94~95쪽 연습 ❸

1 $$\begin{array}{r} 4 \\ 17\overline{)68} \\ 68 \\ \hline 0 \end{array}$$

2 $$\begin{array}{r} 2 \\ 37\overline{)74} \\ 74 \\ \hline 0 \end{array}$$

3 $$\begin{array}{r} 5 \\ 16\overline{)80} \\ 80 \\ \hline 0 \end{array}$$

4 $$\begin{array}{r} 2 \\ 33\overline{)66} \\ 66 \\ \hline 0 \end{array}$$

5 $$\begin{array}{r} 3 \\ 27\overline{)81} \\ 81 \\ \hline 0 \end{array}$$

6 $$\begin{array}{r} 4 \\ 14\overline{)56} \\ 56 \\ \hline 0 \end{array}$$

7 $$\begin{array}{r} 3 \\ 24\overline{)75} \\ 72 \\ \hline 3 \end{array}$$

8 $$\begin{array}{r} 2 \\ 23\overline{)67} \\ 46 \\ \hline 21 \end{array}$$

9 $$\begin{array}{r} 3 \\ 19\overline{)58} \\ 57 \\ \hline 1 \end{array}$$

10 $$\begin{array}{r} 6 \\ 16\overline{)97} \\ 96 \\ \hline 1 \end{array}$$

11 $$\begin{array}{r} 3 \\ 13\overline{)48} \\ 39 \\ \hline 9 \end{array}$$

12 $$\begin{array}{r} 2 \\ 18\overline{)46} \\ 36 \\ \hline 10 \end{array}$$

13 2…9
14 6…8
15 2…13
16 3…2
17 6…2
18 3…3
19 5…12
20 3…15
21 3…14
22 2…10
23 4…17
24 2…17
25 4, 2, 4상자

22 $$\begin{array}{r} 2 \\ 27\overline{)64} \\ 54 \\ \hline 10 \end{array}$$

23 $$\begin{array}{r} 4 \\ 19\overline{)93} \\ 76 \\ \hline 17 \end{array}$$

24 $$\begin{array}{r} 2 \\ 22\overline{)61} \\ 44 \\ \hline 17 \end{array}$$

25 $$\begin{array}{r} 4 \\ 15\overline{)62} \\ 60 \\ \hline 2 \end{array}$$

96~97쪽 적용 ❸

1 5
2 3
3 2
4 6
5 3
6 2
7 3
8 4
9 2, 7
10 6, 9
11 2, 3
12 3, 13
13 2, 11
14 2, 5
15 3, 14
16 4, 12

3 76÷38=2

$$\begin{array}{r} 2 \\ 38\overline{)76} \\ 76 \\ \hline 0 \end{array}$$

4 78÷13=6

$$\begin{array}{r} 6 \\ 13\overline{)78} \\ 78 \\ \hline 0 \end{array}$$

5 48÷16=3

$$\begin{array}{r} 3 \\ 16\overline{)48} \\ 48 \\ \hline 0 \end{array}$$

6 72÷36=2

$$\begin{array}{r} 2 \\ 36\overline{)72} \\ 72 \\ \hline 0 \end{array}$$

7 66÷22=3

$$\begin{array}{r} 3 \\ 22\overline{)66} \\ 66 \\ \hline 0 \end{array}$$

8 60÷15=4

$$\begin{array}{r} 4 \\ 15\overline{)60} \\ 60 \\ \hline 0 \end{array}$$

9 63÷28=2···7

$$\begin{array}{r} 2 \\ 28\overline{)63} \\ 56 \\ \hline 7 \end{array}$$

10 93÷14=6···9

$$\begin{array}{r} 6 \\ 14\overline{)93} \\ 84 \\ \hline 9 \end{array}$$

11 79÷38=2···3

$$\begin{array}{r} 2 \\ 38\overline{)79} \\ 76 \\ \hline 3 \end{array}$$

12 85÷24=3···13

$$\begin{array}{r} 3 \\ 24\overline{)85} \\ 72 \\ \hline 13 \end{array}$$

13 97÷43=2···11

$$\begin{array}{r} 2 \\ 43\overline{)97} \\ 86 \\ \hline 11 \end{array}$$

14 73÷34=2···5

$$\begin{array}{r} 2 \\ 34\overline{)73} \\ 68 \\ \hline 5 \end{array}$$

15 95÷27=3···14

$$\begin{array}{r} 3 \\ 27\overline{)95} \\ 81 \\ \hline 14 \end{array}$$

16 68÷14=4···12

$$\begin{array}{r} 4 \\ 14\overline{)68} \\ 56 \\ \hline 12 \end{array}$$

98~99쪽 원리 ❹

1
$$\begin{array}{r} 2 \\ 51\overline{)104} \\ 102 \\ \hline 2 \end{array}$$

2
$$\begin{array}{r} 6 \\ 64\overline{)392} \\ 384 \\ \hline 8 \end{array}$$

3
$$\begin{array}{r} 3 \\ 83\overline{)256} \\ 249 \\ \hline 7 \end{array}$$

4
$$\begin{array}{r} 7 \\ 42\overline{)320} \\ 294 \\ \hline 26 \end{array}$$

5
$$\begin{array}{r} 7 \\ 53\overline{)423} \\ 371 \\ \hline 52 \end{array}$$

6
$$\begin{array}{r} 7 \\ 66\overline{)502} \\ 462 \\ \hline 40 \end{array}$$

7
$$\begin{array}{r} 7 \\ 35\overline{)278} \\ 245 \\ \hline 33 \end{array}$$

8
$$\begin{array}{r} 4 \\ 62\overline{)269} \\ 248 \\ \hline 21 \end{array}$$

9
$$\begin{array}{r} 8 \\ 44\overline{)357} \\ 352 \\ \hline 5 \end{array}$$

10
$$\begin{array}{r} 9 \\ 36\overline{)330} \\ 324 \\ \hline 6 \end{array}$$

11
$$\begin{array}{r} 7 \\ 75\overline{)533} \\ 525 \\ \hline 8 \end{array}$$

12
$$\begin{array}{r} 8 \\ 28\overline{)245} \\ 224 \\ \hline 21 \end{array}$$

13
$$\begin{array}{r} 6 \\ 55\overline{)339} \\ 330 \\ \hline 9 \end{array}$$

14
$$\begin{array}{r} 6 \\ 62\overline{)415} \\ 372 \\ \hline 43 \end{array}$$

15
$$\begin{array}{r} 5 \\ 68\overline{)381} \\ 340 \\ \hline 41 \end{array}$$

16
$$\begin{array}{r} 8 \\ 95\overline{)848} \\ 760 \\ \hline 88 \end{array}$$

17
$$\begin{array}{r} 8 \\ 78\overline{)687} \\ 624 \\ \hline 63 \end{array}$$

18
$$\begin{array}{r} 4 \\ 51\overline{)236} \\ 204 \\ \hline 32 \end{array}$$

19
$$\begin{array}{r} 9 \\ 82\overline{)794} \\ 738 \\ \hline 56 \end{array}$$

20
$$\begin{array}{r} 7 \\ 16\overline{)121} \\ 112 \\ \hline 9 \end{array}$$

100～101쪽 연습 ❹

1
5
22)1 1 3
1 1 0
3

2
6
49)3 0 0
2 9 4
6

3
7
35)2 4 9
2 4 5
4

4
7
81)5 7 5
5 6 7
8

5
9
62)5 6 3
5 5 8
5

6
8
93)7 5 3
7 4 4
9

7
9
59)5 3 7
5 3 1
6

8
5
86)4 3 3
4 3 0
3

9
9
43)3 8 8
3 8 7
1

10
6
79)4 8 7
4 7 4
1 3

11
5
27)1 5 4
1 3 5
1 9

12
8
38)3 2 3
3 0 4
1 9

13 8…7
14 9…5
15 8…7
16 8…9
17 6…10
18 6…7
19 3…11
20 6…20
21 8…26
22 7…73
23 9…48
24 5…50
25 6, 2, 7칸

22
7
99)7 6 6
6 9 3
7 3

23
9
62)6 0 6
5 5 8
4 8

24
5
53)3 1 5
2 6 5
5 0

25
6
35)2 1 2
2 1 0
2

102～103쪽 적용 ❹

1 7, 6
2 4, 7
3 6, 2
4 9, 3
5 4, 12
6 6, 26
7 5, 69
8 5, 14
9 6, 9
10 6, 6
11 3, 75
12 7, 23
13 5, 32
14 7, 41
15 7, 29
16 9, 22

7 484÷83=5…69
5
83)4 8 4
4 1 5
6 9

8 174÷32=5…14
5
32)1 7 4
1 6 0
1 4

9 171÷27=6…9
6
27)1 7 1
1 6 2
9

10 264÷43=6…6
6
43)2 6 4
2 5 8
6

11 369÷98=3…75
3
98)3 6 9
2 9 4
7 5

12 618÷85=7…23
7
85)6 1 8
5 9 5
2 3

13 412÷76=5…32
5
76)4 1 2
3 8 0
3 2

14 503÷66=7…41
7
66)5 0 3
4 6 2
4 1

15 540÷73=7…29
7
73)5 4 0
5 1 1
2 9

16 589÷63=9…22
9
63)5 8 9
5 6 7
2 2

104～105쪽 원리 ❺

1
1 1
27)2 9 7
2 7
2 7
2 7
0

2
2 3
16)3 6 8
3 2
4 8
4 8
0

3
```
     2 4
21)5 0 4
   4 2
     8 4
     8 4
       0
```

4
```
     3 3
15)4 9 5
   4 5
     4 5
     4 5
       0
```

5
```
     1 5
32)4 8 0
   3 2
   1 6 0
   1 6 0
       0
```

6
```
     1 3
46)5 9 8
   4 6
   1 3 8
   1 3 8
       0
```

7
```
     2 5
13)3 2 5
   2 6
     6 5
     6 5
       0
```

8
```
     2 1
33)6 9 3
   6 6
     3 3
     3 3
       0
```

9
```
     3 1
14)4 3 4
   4 2
     1 4
     1 4
       0
```

10
```
     2 4
12)2 8 8
   2 4
     4 8
     4 8
       0
```

11
```
     1 7
42)7 1 4
   4 2
   2 9 4
   2 9 4
       0
```

12
```
     1 4
42)5 8 8
   4 2
   1 6 8
   1 6 8
       0
```

13
```
     1 9
25)4 7 5
   2 5
   2 2 5
   2 2 5
       0
```

14
```
     1 6
34)5 4 4
   3 4
   2 0 4
   2 0 4
       0
```

15
```
     1 4
12)1 6 8
   1 2
     4 8
     4 8
       0
```

16
```
     2 4
15)3 6 0
   3 0
     6 0
     6 0
       0
```

106~107쪽 연습 ❺

1
```
     1 2
22)2 6 4
   2 2
     4 4
     4 4
       0
```

2
```
     2 2
41)9 0 2
   8 2
     8 2
     8 2
       0
```

3
```
     2 1
26)5 4 6
   5 2
     2 6
     2 6
       0
```

4
```
     2 2
16)3 5 2
   3 2
     3 2
     3 2
       0
```

5
```
     2 3
32)7 3 6
   6 4
     9 6
     9 6
       0
```

6
```
     4 2
11)4 6 2
   4 4
     2 2
     2 2
       0
```

7
```
     1 5
43)6 4 5
   4 3
   2 1 5
   2 1 5
       0
```

8
```
     1 6
31)4 9 6
   3 1
   1 8 6
   1 8 6
       0
```

9
```
     1 4
32)4 4 8
   3 2
   1 2 8
   1 2 8
       0
```

10
```
     2 5
19)4 7 5
   3 8
     9 5
     9 5
       0
```

11
```
     3 5
27)9 4 5
   8 1
   1 3 5
   1 3 5
       0
```

12
```
     2 8
35)9 8 0
   7 0
   2 8 0
   2 8 0
       0
```

13 31
14 43
15 12
16 42
17 33
18 18
19 34
20 27
21 37
22 27
23 19
24 32
25 12, 12도막

24
```
     3 2
19)6 0 8
   5 7
   3 8
   3 8
     0
```

25
```
     1 2
62)7 4 4
   6 2
   1 2 4
   1 2 4
       0
```

108～109쪽 적용 ❺

1	11	**9**	12
2	31	**10**	44
3	13	**11**	13
4	26	**12**	32
5	16	**13**	21
6	13	**14**	34
7	26	**15**	19
8	11	**16**	41

1
```
     1 1
43)4 7 3
   4 3
     4 3
     4 3
       0
```

2
```
     3 1
28)8 6 8
   8 4
     2 8
     2 8
       0
```

3
```
     1 3
54)7 0 2
   5 4
   1 6 2
   1 6 2
       0
```

4
```
     2 6
38)9 8 8
   7 6
   2 2 8
   2 2 8
       0
```

9
```
     1 2
53)6 3 6
   5 3
   1 0 6
   1 0 6
       0
```

10
```
     4 4
18)7 9 2
   7 2
     7 2
     7 2
       0
```

11
```
     1 3
64)8 3 2
   6 4
   1 9 2
   1 9 2
       0
```

12
```
     3 2
21)6 7 2
   6 3
     4 2
     4 2
       0
```

5
```
     1 6
33)5 2 8
   3 3
   1 9 8
   1 9 8
       0
```

6
```
     1 3
72)9 3 6
   7 2
   2 1 6
   2 1 6
       0
```

7
```
     2 6
26)6 7 6
   5 2
   1 5 6
   1 5 6
       0
```

8
```
     1 1
51)5 6 1
   5 1
     5 1
     5 1
       0
```

13
```
     2 1
47)9 8 7
   9 4
     4 7
     4 7
       0
```

14
```
     3 4
28)9 5 2
   8 4
   1 1 2
   1 1 2
       0
```

15
```
     1 9
39)7 4 1
   3 9
   3 5 1
   3 5 1
       0
```

16
```
     4 1
24)9 8 4
   9 6
     2 4
     2 4
       0
```

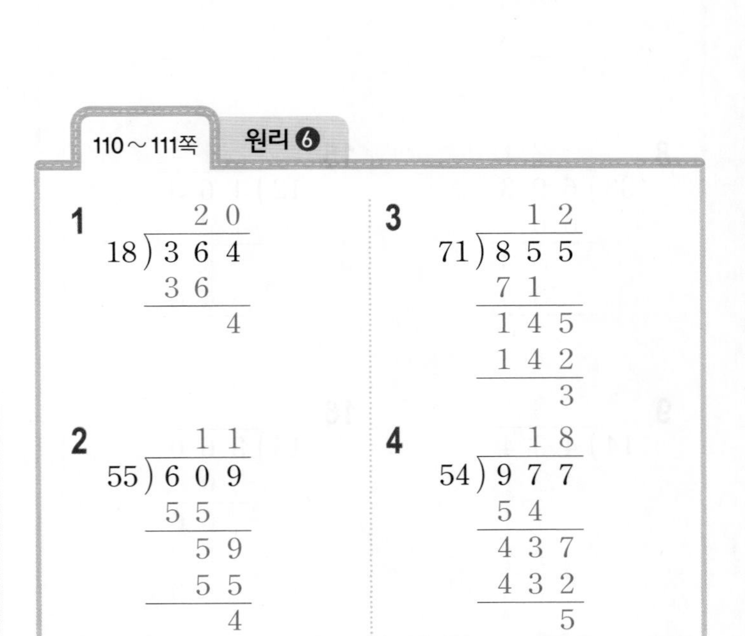

110～111쪽 원리 ❻

1
```
     2 0
18)3 6 4
   3 6
       4
```

2
```
     1 1
55)6 0 9
   5 5
     5 9
     5 5
       4
```

3
```
     1 2
71)8 5 5
   7 1
   1 4 5
   1 4 2
       3
```

4
```
     1 8
54)9 7 7
   5 4
   4 3 7
   4 3 2
       5
```

5
23
39)924
78
144
117
27

6
19
38)754
38
374
342
32

7
30
25)758
75
8

8
12
52)626
52
106
104
2

9
33
24)797
72
77
72
5

10
17
47)807
47
337
329
8

11
23
23)537
46
77
69
8

12
13
65)854
65
204
195
9

13
16
58)975
58
395
348
47

14
23
24)573
48
93
72
21

15
15
13)199
13
69
65
4

16
22
28)641
56
81
56
25

112～113쪽 연습 ❻

1
21
21)458
42
38
21
17

2
40
14)563
56
3

3
19
42)803
42
383
378
5

4
11
69)760
69
70
69
1

5
55
15)827
75
77
75
2

6
42
17)722
68
42
34
8

7
16
61)993
61
383
366
17

8
21
31)658
62
38
31
7

9
28
26)737
52
217
208
9

10
23
33)775
66
115
99
16

11
14
51)745
51
235
204
31

12
11
49)577
49
87
49
38

13 30 ⋯ 5
14 26 ⋯ 12
15 20 ⋯ 7
16 31 ⋯ 3
17 14 ⋯ 8
18 16 ⋯ 12
19 32 ⋯ 15
20 43 ⋯ 15
21 19 ⋯ 7
22 12 ⋯ 50
23 12 ⋯ 32
24 16 ⋯ 3
25 11, 22, 12일

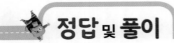

24
```
     1 6
35)5 6 3
   3 5
   2 1 3
   2 1 0
       3
```

25
```
     1 1
23)2 7 5
   2 3
     4 5
     2 3
     2 2
```

114～115쪽 적용 ❻

1	13, 23	**9**	40, 6
2	13, 4	**10**	11, 3
3	35, 14	**11**	18, 9
4	17, 21	**12**	26, 24
5	24, 12	**13**	31, 15
6	13, 32	**14**	22, 18
7	12, 52	**15**	12, 55
8	16, 15	**16**	38, 15

1
```
     1 3
31)4 2 6
   3 1
   1 1 6
     9 3
     2 3
```

2
```
     1 3
68)8 8 8
   6 8
   2 0 8
   2 0 4
       4
```

3
```
     3 5
28)9 9 4
   8 4
   1 5 4
   1 4 0
     1 4
```

4
```
     1 7
42)7 3 5
   4 2
   3 1 5
   2 9 4
     2 1
```

9
```
     4 0
19)7 6 6
   7 6
       6
```

10
```
     1 1
45)4 9 8
   4 5
     4 8
     4 5
       3
```

11
```
     1 8
33)6 0 3
   3 3
   2 7 3
   2 6 4
       9
```

12
```
     2 6
29)7 7 8
   5 8
   1 9 8
   1 7 4
     2 4
```

5
```
     2 4
14)3 4 8
   2 8
     6 8
     5 6
     1 2
```

6
```
     1 3
71)9 5 5
   7 1
   2 4 5
   2 1 3
     3 2
```

7
```
     1 2
72)9 1 6
   7 2
   1 9 6
   1 4 4
     5 2
```

8
```
     1 6
53)8 6 3
   5 3
   3 3 3
   3 1 8
     1 5
```

13
```
     3 1
17)5 4 2
   5 1
     3 2
     1 7
     1 5
```

14
```
     2 2
44)9 8 6
   8 8
   1 0 6
     8 8
     1 8
```

15
```
     1 2
63)8 1 1
   6 3
   1 8 1
   1 2 6
     5 5
```

16
```
     3 8
22)8 5 1
   6 6
   1 9 1
   1 7 6
     1 5
```

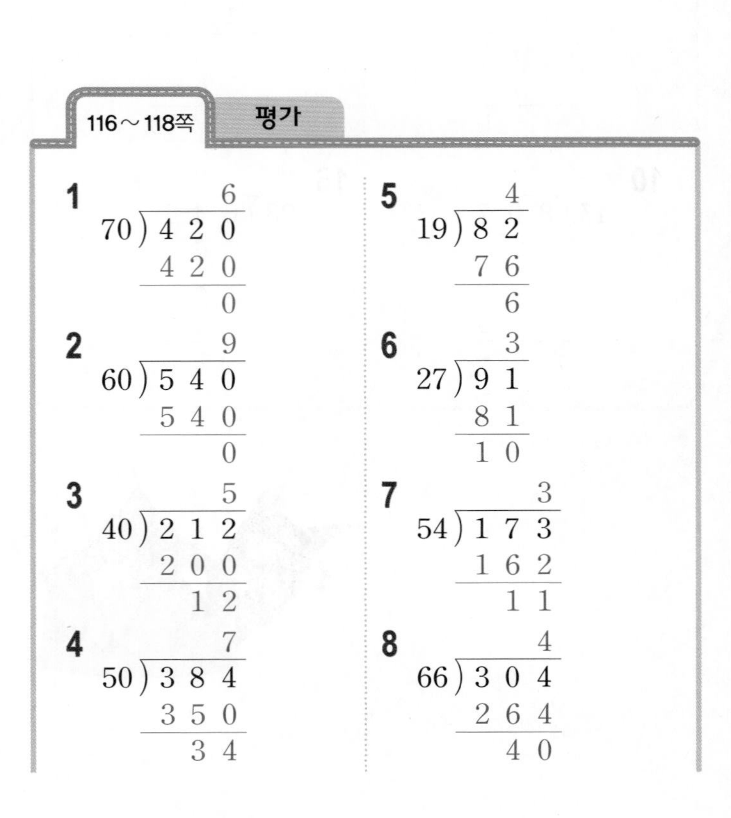

116～118쪽 평가

1
```
       6
70)4 2 0
   4 2 0
       0
```

2
```
       9
60)5 4 0
   5 4 0
       0
```

3
```
       5
40)2 1 2
   2 0 0
     1 2
```

4
```
       7
50)3 8 4
   3 5 0
     3 4
```

5
```
     4
19)8 2
   7 6
     6
```

6
```
     3
27)9 1
   8 1
   1 0
```

7
```
       3
54)1 7 3
   1 6 2
     1 1
```

8
```
       4
66)3 0 4
   2 6 4
     4 0
```

9
1 9
24) 4 5 6
2 4
2 1 6
2 1 6
0

10
1 6
15) 2 5 3
1 5
1 0 3
9 0
1 3

11
3 8
17) 6 5 1
5 1
1 4 1
1 3 6
5

12
1 9
34) 6 5 8
3 4
3 1 8
3 0 6
1 2

13 9
14 8
15 7…9
16 8…13
17 6…36
18 4…5
19 4…1
20 5…2
21 7…12
22 4…49
23 7…10
24 16
25 18
26 43…6
27 22…11
28 17…18
29 7
30 19
31 13
32 8
33 32
34 2…9
35 6…19
36 9…24
37 5…63
38 15…5

15
7
30) 2 1 9
2 1 0
9

16
8
40) 3 3 3
3 2 0
1 3

17
6
80) 5 1 6
4 8 0
3 6

27
2 2
28) 6 2 7
5 6
6 7
5 6
1 1

28
1 7
53) 9 1 9
5 3
3 8 9
3 7 1
1 8

29
7
50) 3 5 0
3 5 0
0

18
4
17) 7 3
6 8
5

19
4
24) 9 7
9 6
1

20
5
15) 7 7
7 5
2

21
7
26) 1 9 4
1 8 2
1 2

22
4
64) 3 0 5
2 5 6
4 9

23
7
93) 6 6 1
6 5 1
1 0

24
1 6
38) 6 0 8
3 8
2 2 8
2 2 8
0

25
1 8
42) 7 5 6
4 2
3 3 6
3 3 6
0

26
4 3
12) 5 2 2
4 8
4 2
3 6
6

30
1 9
41) 7 7 9
4 1
3 6 9
3 6 9
0

31
1 3
23) 2 9 9
2 3
6 9
6 9
0

32
8
69) 5 5 2
5 5 2
0

33
3 2
28) 8 9 6
8 4
5 6
5 6
0

34
2
36) 8 1
7 2
9

35
6
77) 4 8 1
4 6 2
1 9

36
9
32) 3 1 2
2 8 8
2 4

37
5
90) 5 1 3
4 5 0
6 3

38
1 5
48) 7 2 5
4 8
2 4 5
2 4 0
5

Memo

초능력 수학 연산 4·1
정답 및
풀이

초능력 수학 연산